KB182992

Management By AI ;

경영 리더를 위한 AI 활용 안내서

Management By AI ;
경영 리더를 위한 AI 활용 안내서

1판 1쇄 인쇄 2024년 11월 13일
1판 1쇄 발행 2024년 11월 20일

지은이 채수윤, 배유석
펴낸이 송준화
펴낸곳 아틀라스북스
등 록 2014년 8월 26일 제399-2017-000017호

기획편집총괄 송준화
마케팅총괄 박진규
디자인 김민정

주소 (12084) 경기도 남양주시 청학로 78 812호(스파빌)
전화 070-8825-6068
팩스 0303-3441-6068
이메일 atlasbooks@naver.com

ISBN 979-11-88194-45-2 (13320)
값 20,000원

Management By AI

경영 리더를 위한 AI 활용 안내서

채수윤, 배유석 지음

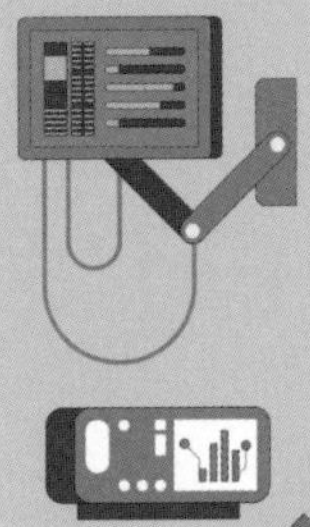

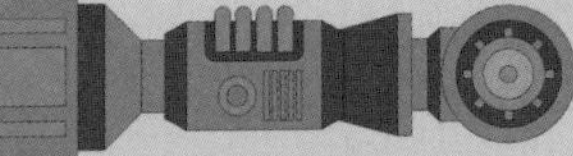

왜 경영자와 관리자가 AI에 '적극적으로' 관심을 가져야 할까?

필자가 어릴 적에 세상을 바꿀 엄청난 기계라며 회자되던 것이 있었습니다. 바로 PC(개인용 컴퓨터)입니다. 50대 이상이라면 모두 기억할 것입니다. PC가 당시 혁명적으로 느껴진 까닭은, 유명 연구소에 냉장고만한 크기로 자리잡고 있다고 생각했던 컴퓨터를 개인이 50만 원 정도에 살 수 있게 되었기 때문입니다. PC는 이제 일상용품 중 하나가 되었고, 사무실에서는 모든 직원이 업무용으로 한 대씩 사용하는 제품이 되었죠.

지금은 AI(Artificial Intelligence, 인공지능)가 그런 느낌을 줍니다. AI가 처음 나왔을 때는 많은 사람이 마치 모르면 시대에 뒤떨어질 것 같은 위기감을 느꼈습니다. 그런데 챗GPT(ChatGPT)가 나오면서 지금은 별다른 지식이나 노력 없이도 AI를 편리하게 사용할 수 있는 시대가 되었죠. 이제 와서 되돌아보면 '굳이 일찍 배우려고 애쓸 필요가 있었을까' 하는 생각이 듭니다.

그럼 AI도 PC나 인터넷처럼 자연스럽게 일상의 일부가 될 수 있을까요? 필자는 많은 부분에서 비슷한 길을 갈 것이고, 이미 그렇게 가고 있다고 생각합니다. 그렇지만 기업의 경영자나 관리자라면 몇 가지 이유 때문에 AI에 대해 좀 더 관심을 가지고, 경영현장에 적극 활용할 필요가 있다고 생각합니다.

① AI는 시간이 지난다고 해서 경영에 자연스럽게 활용될 수 있는 것이 아닙니다.

AI는 아직도 명확히 무어라 정의하기 어렵습니다. AI의 영역이 광범위하고 계속 진화하고 있기 때문이죠. PC나 인터넷과는 달리, AI는 하는 일이 정해진 도구라기보다는 '일 처리하는 방식'을 통칭하기 때문에 여러 가지 모습을 하고 있습니다.

다만 확실한 한 가지 공통점은 있습니다. 바로 '데이터를 처리하여 결과를 찾아낸다는 것'입니다. 예를 들어 AI가 내 얼굴을 인식하게 하려면 여러 각도에서 찍은 내 얼굴이 '데이터'로 입력되어야 합니다. 그래야 화면이나 카메라에 내 얼굴이 나왔을 때 AI가 나라는 사실을 '인지'할 수 있습니다.

경영현장에서 AI를 사용하려면 먼저 경영현장 내부 데이터와 함께 의사결정에 필요한 외부 데이터를 모아야 합니다. 그리고 기업이 원하는 답을 만들 수 있도록 AI가 데이터를 처리하는 방식을 정해야 합니다. '남들이 AI를 많이 사용하니 우리도 사용해 보자'는 식으로 어느 날 갑자기 PC를 사거나 인터넷 신청하듯 AI를 사용할 수는 없습니다. AI를 언제 쓰든 제대로 활용하려면 시간과 비용의 투자가 필요하다는 것입니다.

② 제대로 사용하면 경영에 확실히 도움을 줄 수 있습니다.

'투자 대비 효과(ROI, Return On Investment)'는 사업을 할 때 가장 큰 고민 중 하나입니다. ERP, CRM 등 각종 IT 인프라를 도입할 때도 '이걸 사용하면 얼마나 버냐?'는 질문을 제일 많이 하고, 설치 후에도 '많은 돈을 썼는데 뭐가 좋아졌는지 눈에 안 보인다'는 불만이 가장 많습니다.

AI의 가장 큰 특징은 엑셀처럼 데이터를 단순히 정리해서 보여주는 것이 아니라, '데이터를 활용해서 필요한 결과를 제시해 준다'는 데 있습니다. 그것도 데이터가 실시간으로 빠른 시간에 처리되기 때문에, 적정 데이터를 활용하여 제대로 된 알고리듬•을 거쳐 결과물을 낼 수 있다면 경영활동에 확실히 도움이 됩니다.

보다 정확한 결과물을 실시간으로 제시해 주기 때문에 올바른 의사결정을 빠르게 내릴 수 있게 해 주고, 내가 신경을 쓰지 않아도 알아서 일 처리를 마무리해 줄 수도 있습니다.

③ 일찍 사용할수록 더 많은 효과를 얻을 수 있습니다.

얼리 어답터(Early Adopter)라는 마케팅 용어가 있습니다. 뭔가 신제품이 나오면 호기심에 맨 먼저 사는 사람들을 일컫죠. 가성비 측면에서 그리 합리적인 부류는 아닙니다. 신기술이나 소프트웨

• 어떤 문제의 해결을 위해 입력된 자료를 토대로 원하는 출력을 유도해 내는 규칙의 집합 (출처 : 표준국어대사전)

어가 처음 나왔을 때도 마찬가지입니다. 남보다 먼저 도입하면 앞서 갈 수 있을 것 같지만, 초기 소프트웨어는 오류가 생기는 경우가 많고, 심하면 허구한 날 개발회사에 전화하고 항의하느라 없느니만 못하게 되는 경우도 수두룩합니다.

하지만 지금의 AI는 그 단계는 지났다고 할 수 있습니다. 어떤 기업이 AI를 기업용 솔루션으로 처음 제공했는지는 분명치 않지만, 2011년에 IBM이 개발한 인공지능 시스템인 왓슨(Watson)이 미국의 퀴즈 쇼 제퍼디에서 사람을 이겨서 화제가 된 적이 있습니다. 또 2016년에는 알파고가 많은 사람에게 AI의 존재를 알렸습니다. 이후 많은 시간이 지나 이제 AI가 여러 분야에서 광범위하게 사용되고 있고, 최근에는 챗GPT와 같은 생성형 AI가 이슈가 되고 있습니다. 이제는 기업에서 AI를 도입하더라도 얼리 어답터의 위험을 감수해야 할 가능성은 높지 않은 것이죠. 다시 말해 하루라도 빨리 도입하는 것이 기업에 도움이 되고, 그만큼 경쟁에서 앞서 갈 수 있다고 생각됩니다. 필자는 이제 기업에서 AI의 적극적인 사용을 더 미룰 필요가 없다고 생각합니다.

<IBM>
최초의 AI 플랫폼, 왓슨(Watson)

IBM의 왓슨(Watson)은 상업화를 위해 개발된 최초의 AI(인공지능) 플랫폼이라 할 수 있습니다. 플랫폼 명칭은 IBM의 창업자 토머스 왓슨(Thomas John Watson)의 이름에서 따왔다고 하네요. 그만큼 IBM이 새로운 성장동력으로서 AI에게 거는 기대가 컸다고 할 수 있습니다. 왓슨은 2011년에 미국의 유명한 퀴즈 쇼 제퍼디(Jeopardy)에서 우승하면서 AI로서 인정받게 됩니다. 왓슨 개발 프로젝트를 2005년에 시작했다고 하니, 첫 번째 가시적 성과를 내기까지 6년이 걸린 셈입니다. 그렇지만 그저 AI로서 실력을 검증받았을 뿐이지, IBM이 기대하는 기업용 솔루션으로 본격적으로 성장하지는 못합니다.

헬스케어 사업에 집중하다

AI가 기업용 솔루션으로서 본격적으로 관심과 제안을 받은 것은 알파고가 세상에 알려진 이후입니다. AI가 바둑에서 인간을 이기자 비로소 많은 기업과 기관에서 AI를 주의 깊게 보기 시작했죠. 그리고 이를 이용해 경쟁에서 한 번 앞서 나가 보자 하는 생각에 기업용 솔루션으로 AI 도입을 검토했습니다.

당시 그러한 기업들의 수요를 충족시켜 줄 만한 기업은 IBM밖에 없었습니다. IBM은 AI가 '의료 분야'에서 가장 획기적인 성과를 낼 수 있다고 판단하고 해당 분야에 보다 집중하기로 했습니다. 이를 위해 2015년에 '왓슨 포 온콜로지(Watson for Oncology)'와 '왓슨 포 지노믹스(Watson for Genomics)'라는 2가지 솔루션을 출시해서 헬스케어 사업을 시작했습니다. 미국에서는 2,500여 개 병원에서 왓슨 기반의 AI 솔루션을 도입했고, 우리나라에서도 가천대를 시작으로 7개 병원에서 도입이 이루어졌습니다.

IBM은 당뇨병 관리 개선에서 암 치료 검사에 이르는 헬스케어 영역에서 다양한 도전을 했습니다. 하지만 예상보다 현저히 낮은 예측 정확도가 문제가 되었습니다. 초기 테스트 시에는 진단 정확도가 전문의 진단보다 높게 나타나기도 했지만, 현실에서의 암 데이터가 생각보다 훨씬 복잡하다 보니 제대로 된 예측이 되지 않았습니다. 또 왓슨은 의사가 기록한 메모와 환자기록을 해독하는 데도 문제가 있었습니다.

IBM 왓슨 헬스 사업부는 연간 10억 달러 정도의 수익을 창출했음에도 불구하고 손실이 지속되었고 나아질 기미도 보이지 않았습니다. 결국 IBM은 2022년 초에 헬스케어 관련 사업을 사모펀드에 매각했습니다. 지속적인 투자가 필요한 데다, 투자하더라도 향후 헬스케어 시장에서 환자 데이터 확보가 훨씬 유리한 구글과 같은 사업자에 비해 강점을 가질 수 없다고 판단한 듯합니다. 사실상 사업을 포기한 셈이었죠. 무엇이 문제였을까요?

헬스케어 사업을 포기한 이유

가장 큰 문제는 'AI의 능력에 대한 과신'에 있었다고 할 수 있습니다. IBM의 판단처럼 의료 분야는 여러 산업 분야 중에서 AI가 가장 큰 힘을 발휘할 수 있는 영역입니다.

아무리 뛰어난 의사라도 개별 의사의 경험에는 한계가 있습니다. 의사 한 명이 30년 간 매일 100명의 환자를 진료하면 약 100만 명의 환자를 볼 수 있습니다. 현실적으로 달성하기 쉽지 않은 진료 수 같지만, 이마저도 우리나라 인구의 약 2%에 불과합니다. 이 환자들의 특성을 데이터화(DB)하고 나만의 지식으로 활용하더라도 개별 환자의 특이점까지 반영해 진료하는 데는 어려움이 따를 수밖에 없습니다.

이에 비해 AI를 이용해 수많은 의사가 진료한 환자들의 개인별 특성과 질병 특성을 집대성하고 분석해서 치료방향을 제시하게 한다면 의료 분야에 엄청난 가치를 제공할 것입니다. 문제는 그만한 데이터를 확보하고 그것을 정확하게 분석하는 데 많은 시간이 걸릴 수밖에 없다는 데 있습니다.

바둑에는 엄청난 경우의 수가 있다고 하지만, 기본적으로는 361개의 정해진 위치에 흰 돌과 검은 돌을 번갈아 놓으면 되는 매우 단순한 게임입니다. 양자가 대결하는 또 다른 스포츠인 권투만 해도 링 위에서 두 사람의 위치 변화, 발 놀림, 상체 움직임, 팔 놀림이 계속해서 이루어집니다. 이 움직임들이 한 번씩 번갈아 이루어지는 것도 아니죠. 이 움직임들을 모두 데이터화한다면 엄청난 양의 정보가 될 것입니다. 질병마다 다르겠지만, 진단과 관련된 정보는 이보다 훨씬 더 많습니다. 결국 AI가 바둑을 잘 뒀다고 해서 복잡한 의료 분야에 적용해도 성과를 내리라던 기대가 애당초 무리였다고 볼 수 있습니다.

IBM이 왓슨을 사모펀드에 매각한 사례는 이제 AI가 할 수 있는 일과 못하는 일이 무엇인지에 대한 공감대가 형성되었음을 시사합니다. 사람들이 더 이상 AI를 꿈의 도구로 생각하지 않고, '도움이 될 수 있지만 잘 활용해야 하는 도구'로 생각하게 되었음을 상징적으로 보여 준 사건이었죠.

검색엔진 역시 야후(Yahoo)의 디렉토리 검색에서 시작되었지만, 지금은 사람들이 검색이라고 하면 내가 찾으려는 대상에 대한 단어나 문장을 검색 창 안에 입력하는 것으로 인식하고 있습니다. 1995년에 디렉토리 검색이 나왔고, 1998년에 구글 검색 베타 서비스가 시작되었으니, 약 3년 만에 업계 표준 서비스가 자리잡기 시작했다고 할 수 있습니다. AI의 경우 알파고가 2016년에 나왔으니, 이제 AI 활용에 따른 시행착오를 겪을 가능성은 매우 낮아졌다고 할 수 있습니다. 이제 AI의 도입과 투자를 더 이상 미룰 필요가 없는 시대가 온 것이죠.

〈참고 : 〈조선일보〉, 2021.7.20. 〈IT조선〉, 2022.1.28〉

차례

2부 AI가 산업에 어떤 도움이 되는지 알아보자

1장 AI는 제조업을 어떻게 변화시킬 수 있을까?

2장 AI가 제조업 프로세스 혁신에 도움이 될까? (with 챗GPT)

3장 AI가 서비스산업 혁신에 도움이 될까?

4장 AI는 기업경영에 어떤 도움을 줄 수 있을까? (with 챗GPT)

3부 AI를 실제 경영현장에 적용해 보자

1부
요점만 훑어보는 AI 기본 상식

AI라는 용어는 이제 남녀노소 누구나 알고 있습니다. 그런데 AI에 대해 설명해 보라면 얼마나 많은 사람이 명쾌히 대답할 수 있을까요? 특히 AI와 컴퓨터, 혹은 AI와 로봇이 어떻게 다른지 물으면 '다 같은 거 아냐?'라고 반문하는 사람도 있을 것입니다.

AI의 정의에 대한 각종 자료를 찾아보면 어느 정도 공통점은 있지만, 근본적인 속성에 대한 일치된 견해는 없어 보입니다. 예를 들어 AI가 컴퓨터의 일종인지 컴퓨터와 다른 것인지, 또 기계인지 소프트웨어인지에 대해 아직은 모두가 동의하는 일치된 결론이 없습니다. 아마도 AI가 컴퓨터나 스마트폰처럼 특정 시기에 만들어져서 이름 붙여진 것이 아니라 오랜 기간 다양한 방면에서 연구되며 발전해 왔기 때문인 듯합니다.

1부에서는 AI가 무엇이고 컴퓨터나 로봇과는 뭐가 다른지 필자 나름의 결론을 내리고, AI의 기본 속성과 종류에 대한 공감대를 만듦으로써 이를 토대로 이후의 이야기를 전개하려 합니다. 이를 통해 독자 여러분이 다양한 산업과 기업에서 AI를 현재와 미래에 어떻게 활용할 수 있을지에 대한 나름의 생각을 정리하는 데 도움이 될 것으로 기대합니다.

01
AI의 뜻부터 알아보자

AI는 한마디로 뭐다?

독자 중에 '인공지능'을 의미하는 'AI(이후 AI로 표현하겠습니다)'라는 용어를 모르는 사람은 없을 것입니다. 그런데 그 뜻을 설명하라고 하면 구체적으로 뭐라고 설명하기가 어렵습니다. AI는 어떻게 정의해야 할까요?

AI(Artificial Intelligence)라는 용어는 1955년에 존 맥카시(John McCarthy)를 포함한 4명의 학자가 록펠러 재단에 '1956년 여름에 다트머스대학에서 2개월 간 10명의 과학자가 모여 AI에 대해 연구할 것이니 후원해 달라'고 요청한 사례에서 처음 언급되었다고 합니다. 이 여름 세미나에서는 AI를 이렇게 불렀습니다.

'지적인 기계를 만들기 위한 과학과 공학'

(the science and engineering of making intelligent machines)

챗GPT에게 물어도 AI를 위와 비슷하게 정의합니다.

'학습, 문제해결, 지각, 추론 그리고 자연어 이해와 같은 인간의 지능을 필요로 하는 작업을 수행할 수 있는 지적인 기계를 만들기 위한 컴퓨터 과학의 한 분야'

(a field of computer science that aims to create intelligent machines that can perform tasks that would normally require human intelligence, such as learning, problem-solving, perception, reasoning, and natural language understanding)

AI는 기계일까요? 위의 내용을 잘 보면 챗GPT는 AI가 기계가 아니라 '기계가 지능을 가지게 만드는 무언가'라고 하는 것을 알 수 있습니다. 그럼 무언가는 무엇일까요? 기계가 지능을 가지게 하려면 소프트웨어가 필요할 것입니다. 즉, 간단히 정의하면 AI는 '기계에 지능을 제공하는 소프트웨어'라고 할 수 있겠죠. 그럼 '지능'은 무엇일까요? 가장 대표적으로는 위의 정의에 언급된 '학습, 지각, 추론' 3가지라고 할 수 있습니다.

이 학습, 지각, 추론은 무엇을 가지고 할까요? 바로 '데이터'입니다. 데이터가 없으면 학습도, 지각도, 추론도 할 수 없습니다. 결국 지능이 뭔가 의미 있는 결과를 내려면 데이터가 필요합니다.

따라서 결론적으로 AI는 '데이터를 효과적으로 활용하기 위한 소프트웨어'라고 정의할 수 있습니다. 왜 필자가 AI를 이렇게 정의하는지는 앞으로 이어지는 내용에서 상세하게 설명하겠습니다.

기존 소프트웨어와는 뭐가 다를까?

AI에 대한 정의를 보면 이런 의문이 생깁니다.

'그 동안 써온 컴퓨터 소프트웨어와 AI가 뭐가 다른 거야?'

그러게요, AI 역시 지금껏 사용해 온 컴퓨터 소프트웨어 중 하나에 불과한데 왜 몇 년째 호들갑일까요?

AI는 일종의 소프트웨어이기는 하지만 기존의 소프트웨어와는 답을 찾아가는 방식이 다릅니다. 자, 아래 계산식을 볼까요? □ 안에 3을 넣으면 ○ 안의 숫자는 뭐가 될까요? 10이 되겠죠. 여기서 □는 입력 값, ○는 출력 값이 됩니다.

⚙ 일반 컴퓨터 소프트웨어가 제공하는 계산방식

□ + 7 = ○

*□=입력 값, ○=출력 값

이것이 컴퓨터에서 소프트웨어가 작동하는 방식이라고 보면 됩니다. 컴퓨터가 전체 계산식과 전체 식 중에서 사용자가 어떤 값을 입력해야 하는지 미리 정해 놓고, 사용자가 값을 입력하면 결과를 만들어 내서 알려 줍니다. 이렇게 사용자가 어떤 값을 입력하면 특정한 결과가 나오도록 식을 만드는 것이 기존 소프트웨어의 코딩방식입니다. 단순하든 복잡하든 사실상 코딩의 기본 구조는 위와 같은 계산식을 만드는 것입니다. 이렇게 컴퓨터를 '계산하는 기계'라고 인지하다 보니 예전에는 코딩과 컴퓨터를 배우는 학과를 '전자계산학과'라고 이름 붙이기도 했습니다.

이번에는 아래 그림을 볼까요? 물음표가 들어 간 □가 보이죠? 이 안에 뭐가 들어가야 할까요? 대부분, 아니 어쩌면 모든 독자가 B를 떠올릴 겁니다. 그런데 B가 들어가야 한다는 데 어떤 논리나 계산식을 사용했나요?

AI의 추론방식

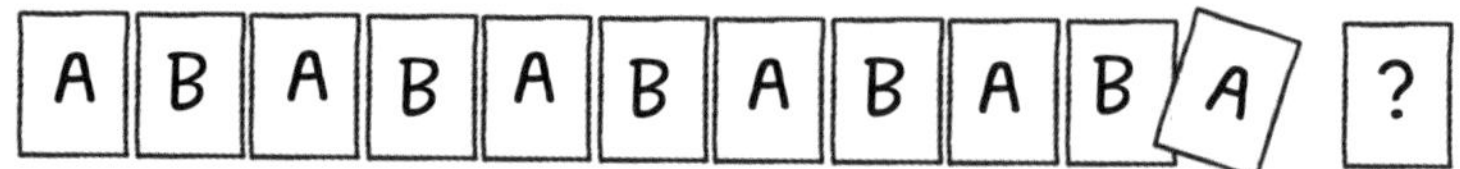

A/B/A/B가 반복되니까 직관적으로 B를 떠올렸을 뿐이지 무슨 계산식이나 규칙을 사용하지는 않았을 겁니다. 바로 이것이 AI가 기존의 컴퓨터 소프트웨어와는 다르게 결과를 찾아내는 방식이라고 보면 됩니다. 그럼 아래 그림의 □에는 뭐가 들어가야 할까요?

문자열의 추론

단순히 D가 들어갈 거라고 생각할 수 있지만 A, B, C 세 문자만으로는 패턴을 정확하게 예측하기 어렵습니다. A/B/C/A/B/C가 되거나 A/B/C/C/B/A/A/B/C/C/B/A가 될 수도 있으니까요. 심지어 알파벳 세 문자마다 문자가 하나씩 빠지는 A/B/C/E/F/G/I/J/K 같은 패턴도 예상할 수 있습니다. 결론적으로 A, B, C 세 문자만으로는 패턴을 짐작하기 어렵습니다. 이것이 AI가 '빅 데이터(Big Data)를 필요로 하는 이유'라고 보면 됩니다. 보다 많은 데이터를 기반으로 추론하고 판단하면 정확도가 훨씬 높아질 것이기 때문이죠.

이세돌 기사와 알파고의 바둑 대결을 기억할 겁니다. 구글은 이 대결을 위해 엄청나게 많은 양의 기보를 입수해서 데이터로 저장했습니다. 그로 인해 어지간한 수에 대해서는 다음에 어떤 수를 두어야 하고, 어디에 두었을 때 이길 확률이 높은지도 알 수 있었죠. 또한 상대방이 놓은 돌이 정상적인 수인지 아닌지를 판단할 수 있는 장치도 추가했습니다.

그래도 혹시나 져서 인간이 우수하다는 결론이 나오면 화제성이 떨어지고, 지속적인 투자를 유도하기도 어려워질 거라는 불안함이 있었을 겁니다. 구글이 알파고의 바둑 상대로 이세돌 기사를 택한 이유도 여기에 있었을 테고요. 이세돌 기사는 신기술을 적극적으로 수용하는 성격이라 온라인 대국을 많이 두었고, 덕분에 기보를 확보하기가 쉬웠다고 합니다. 기보 자체도 많았고요. 또한 이세돌 기사가 새로운 변화나 도전을 적극 수용하는 편이라 AI와의 대국을 불편해 하지 않고 받아들일 거라고 본 거죠.

AI와 로봇은 같은 걸까, 다른 걸까?

앞에서 AI는 기계가 아니라 '소프트웨어'라고 했습니다. 따라서 AI는 '기계'인 로봇과는 다르겠죠? 그런데도 AI를 로봇과 동일시하는 경우가 많습니다. 하지만 로봇은 'AI를 활용한 지적인 기계 중 하나'라고 보는 것이 보다 정확한 시각이라고 생각됩니다. 로봇은 '스스로 보유한 능력에 의해 주어진 일을 자동으로 처리하거나 작동하는 기계'라고 정의합니다. 즉, 기계 중에 사람의 조종 없이 자동으로 움직이는 것이 로봇입니다.

이 정의를 기준으로 보면, 40대 이상이면 알 만한 로봇 태권 브이나 마징가 제트는 로봇이 아닙니다. 이들은 '누군가가 조종해야' 움직이는 기계니까요. 로봇 태권 브이나 마징가 제트의 팬 입장에서는 마음 상할 일인지 모르지만, 좀 심하게 말해 이들은 정교해진 포크레인이라고까지 폄하할 수도 있는 로봇 아닌 로봇인 셈이죠.

반면에 SF 영화의 진수를 보여 준 <스타워즈> 시리즈의 R2D2와 씨스리피오는 대표적인 로봇의 모습입니다. 영화 <트랜스포머> 시리즈의 로봇들도 스스로 움직이기 때문에 로봇이라고 할 수 있죠. 우리가 가정에서 사용하는 청소용 로봇도 스스로 움직이기 때문에 로봇의 범주에 들어갑니다.

⚙ 중기계 vs. 로봇

이렇게 사람이 조종하지 않고 자동으로 움직이는 로봇을 만들려면 '소프트웨어'가 필요합니다. 그 중에는 정해진 방식대로 움직이게 하는 소프트웨어(구동 소프트웨어)도 있을 것이고, 스스로 지각하고 판단할 수 있는 AI 기능이 포함된 것도 있을 것입니다. 문턱 위치 등을 판단하여 효과적으로 움직이는 청소 로봇이 구동 소프트웨어에 AI 기능이 포함된 사례라고 할 수 있습니다. 결론적으로 AI 기능이 포함된 AI 활용 로봇은 다음 그림처럼 'AI와 기계 그리고 구동 소프트웨어의 교집합'이라고 할 수 있습니다.

⚙ 기계와 소프트웨어, 로봇의 관계

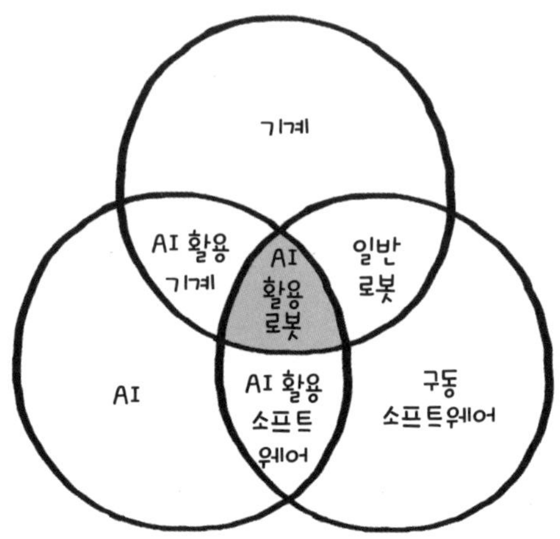

* AI 활용 기계 : 기계 내 센서와 연계되어 위험을 감지하거나, 최적값을 제시하는 기계 (예 : AI 기반 감시 카메라)
* 일반 로봇 : 정해진 규칙에 의해 움직이는 로봇 (예 : 일반 청소용 로봇, 대부분의 산업용 로봇)

AI 개발에 모라벡의 역설이 언급되는 이유

여기서 잠깐 '모라벡의 역설'에 대해 언급하고 넘어가겠습니다. 모라벡의 역설은 일반적으로 '인간에게는 쉬운 것이 컴퓨터에게는 어렵고, 인간에게 어려운 것이 컴퓨터에게는 쉽다'는 내용으로 알려져 있습니다. 이 내용에 AI 과학자들은 컴퓨터 대신 'AI'를 대입하고, 로봇 과학자들은 '로봇'을 대입해서 변용하고 있습니다. 어떤 주장이 맞을까요? 사실 둘 다 맞는다고 할 수 있습니다. 먼저 모라벡이 한 말부터 살펴보죠.

'지능검사나 체커스 게임을 할 때는 컴퓨터로 성인 수준의 성과를 비교적 쉽게 달성할 수 있지만, 인간의 지각이나 동작을 구현하는 데 있어서는 한 살 수준의 기술을 구현해 내기도 어렵거나 불가능하다.'

(Moravec wrote in 1988, "it is comparatively easy to make computers exhibit adult level performance on intelligence tests or playing checkers, and difficult or impossible to give them the skills of a one-year-old when it comes to perception and mobility".)

복잡한 계산식을 풀거나, 정해진 틀 안에서 문제에 대한 해답을 찾아내는 소프트웨어는 코딩만 잘 하면 쉽게 만들 수 있는데, 손가락 움직이기, 두 발로 걷기, 사람과 사물 알아보기 등 사람이라면 대략 한 살 정도면 쉽고 당연하게 할 수 있는 일은 오히려 구현하기가 너무나 힘들다는 것이 유명한 모라벡의 역설입니다.

모라벡의 역설에 AI나 로봇이라는 표현은 없지만, 그가 어렵거나 불가능하다고 한 '지각(perception)'은 'AI의 영역', '동작(mobility)'은 '로봇의 영역'이라고 할 수 있습니다. 따라서 모라벡의 역설은 AI나 로봇과 같이 특정 영역을 염두에 둔 것이 아니라, 인간의 능력을 코딩과 기계적 동작으로 구현해 내는 데 어려움이 있음을 종합적으로 표현하고 있다고 할 수 있습니다. 그러니 컴퓨터 대신 AI 또는 로봇을 대입해 변용한, 관련 과학자들의 2가지 주장은 모두 맞는다고 봐야겠죠.

02
머신 러닝, 딥 러닝, 빅 데이터… 대체 뭐가 다르지?

AI 외에 머신 러닝과 딥 러닝이라는 용어도 많이 들어 봤을 겁니다. 아래 그림처럼 '머신 러닝'은 'AI의 부분집합', '딥 러닝'은 '머신 러닝의 부분집합'이라고 할 수 있습니다. 그럼 각 용어의 개념에 대해 자세히 살펴볼까요?

AI(인공지능)와 머신 러닝, 딥 러닝의 관계

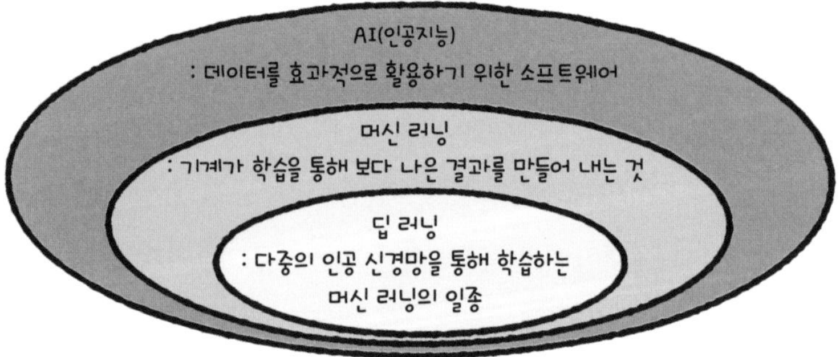

〈참고 : 한빛미디어 네이버 포스트〉

머신 러닝

머신 러닝(Machine Learning)은 말 그대로 기계, 즉 컴퓨터가 '학습'을 통해 보다 나은 결과를 만들어 내는 것을 의미합니다. 컴퓨터의 학습 과정은 우리가 공부하듯 읽고 보고 이해하고 암기하는 식이 아니라, 이런저런 데이터를 관련 정보들과 함께 묶어서 집어넣는 식으로 이루어집니다. 이렇게 여러 데이터를 이리저리 짜맞추면서 데이터들로부터 의미 있는 정보를 추려내는 것이 컴퓨터를 대상으로 한 '학습'이라는 과정입니다.

아래 그림처럼 동물의 이름과 동물의 모습을 하나의 묶음으로 데이터로 넣는 것과 유사한 방식입니다. 이렇게 학습하면 결과적으로 컴퓨터에게 특정 동물 사진을 보여 주었을 때 어떤 동물인지 맞히게 되겠죠. 어린 아기에게 동물 사진이 있는 그림책이나 비디오 화면을 보여 주면, 어느 날 동물원에 갔을 때 동물 이름을 맞히

⚙ 머신 러닝 과정

① 데이터를 넣어 준다

② 데이터를 가지고 짜맞추기를 하면서 의미 있는 정보를 추려 낸다(학습)

→ 크기가 작고 비교적 온순

→ 크기가 크고 사나움

③ 새로운 데이터가 들어온다

④ 학습을 바탕으로 정한 기준을 가지고 처리한다(추론, 판단)

는 것과 같은 원리입니다. 컴퓨터에게 각 동물별로 여러 각도에서 찍은 사진들을 추가적인 데이터로 입력해 준다면 당연히 동물 이름을 맞힐 가능성이 훨씬 높아지겠죠.

그럼 '머신 러닝이 아닌 AI'는 뭐가 있을까요? 질문에 대한 답이 딱히 떠오르지 않을 정도로 AI라고 일컬어지는 소프트웨어의 대부분은 학습기능을 사용합니다. AI의 가장 큰 특징이 여러 가지 데이터를 학습해서 결과치를 추론해 내고, 그 추론을 통해 정해진 계산방식으로는 결과를 낼 수 없는 답을 찾아내는 데 있기 때문에 학습기능을 사용하지 않는 AI는 상상하기 어렵습니다.

물론 AI라는 용어가 대중화되기 전에 사용했던 '빅 데이터 분석 방식'도 일종의 AI로 볼 수 있습니다. 이는 많은 양의 데이터를 학습 알고리듬이 아닌, 다른 정해진 방식에 의해 한꺼번에 통계적으로 처리해서 일종의 패턴을 발견하고 결과를 내는 방식을 말합니다. 또 그리 많지 않은 데이터를 학습이라는 과정을 거치지 않고 통계적 수식을 통해 결과를 제공하는 방식도 AI의 범주에 넣을 수 있을 것입니다. 그렇지만 'AI=머신 러닝'이라고 봐도 무방할 정도로 머신 러닝이 아닌 AI는 범위가 제한적이라고 볼 수 있습니다.

딥 러닝

딥 러닝(Deep Learning)은 비교적 최근에 나온 개념으로, 간단히 '다중의 인공 신경망(Artificial Neural Network)을 통해 학습하는 머신 러닝의 일종'이라고 정의할 수 있습니다. 사실상 입력 값을 통해 출력 값을 얻는 방식은 머신 러닝과 같다고 보면 됩니다. 즉, 여러 데이터를 입력하고 그와 관련된 질문으로 출력 값을 요구했을 때 답을 제시하는 방식은 동일하다는 것이죠. 다만 딥 러닝은 입력 값과 출력 값 사이에서 '여러 번의 검증 과정'을 거쳐서 데이터 간 관계를 검증하고 오류를 수정해서 '제한적인 데이터를 가지고 정확도를 높이는 방법'이라고 보면 됩니다.

마치 큰 것부터 작은 것까지 사각형의 눈 크기가 다른 여러 체를 사용해서 자갈을 골라 내는 방식과 유사하다고 할 수 있죠. 이를 딥 러닝에 빗대 보면, 사각형의 눈 크기가 크고 작은 체가 아닌 여러 가지 눈 모양을 가진 체를 사용해서 데이터를 걸러 내는 방식이라고 하는 것이 더 적절한 표현일 듯합니다. 이렇게 여러 계층으로 '깊은 층을 만들어 학습한다'고 해서 '딥 러닝(Deep Learning)'이라고 부릅니다. 이에 비해 일반적인 머신 러닝은 '단일한 알고리듬'으로 데이터를 처리한다고 해서 Deep의 반대 개념인 '샬로우 러닝(Shallow Learning)'이라 부르기도 합니다.

다음 그림은 딥 러닝의 인공 신경망 구조를 나타낸 것입니다. 그림을 보면 '입력층(Input layer)'과 '출력층(Output layer)'이 있고, 그 사이에 여러 개의 숨겨진 층이 보입니다. 이를 말 그대로 숨겨져 있다고 해서 '은닉층(Hidden layer)'이라고 부릅니다.

입력층으로 들어간 데이터가 여러 은닉층을 통과하며 정제되고 최종적인 결과물이 되어 출력층으로 나오게 됩니다. 이 과정에서 은닉층은 복잡한 일을 한다기보다는 단순 검증을 하면서 다음

⚙ 딥 러닝의 인공 신경망 구조

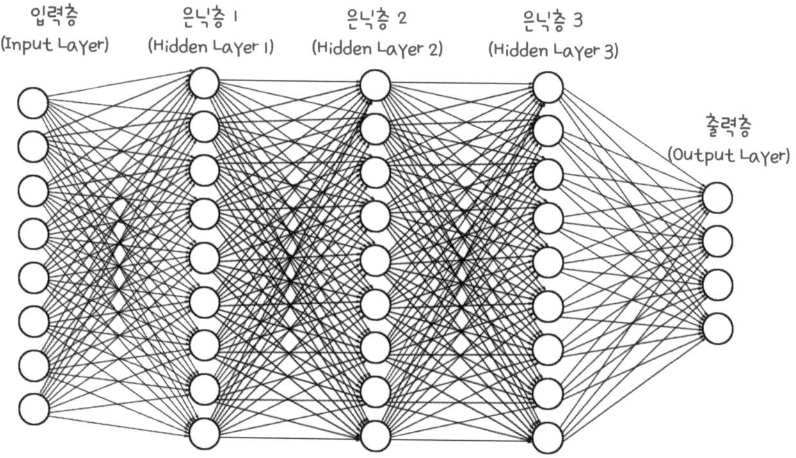

〈출처 : http://neuralnetworksanddeeplearning.com/chap5.html〉

계층으로 데이터를 이동시키는 역할을 합니다. 한편, 이러한 과정은 입력층에서 출력층으로 이동하며 이루어지기도 하지만, 때로는 거꾸로 출력층에서 입력층으로 이동하며 이루어지기도 하는데, 이를 '역전파(Backpropagation)'라고 합니다. 이렇게 앞뒤로 데이터를 검증하는 과정을 반복하면서 결과 값에 대한 정확도를 더 높일 수 있습니다. 제품이 어떻게 만들어졌는지 알아보기 위해 완성된 제품을 뜯어보고 원리를 파악하는 리버스 엔지니어링의 원리와 유사하다고 볼 수 있겠죠.

이렇게 딥 러닝은 입력된 데이터를 다각도로 분석하는 구조로 되어 있기 때문에 복잡한 데이터를 가지고 보다 정확한 추론을 할 수 있다는 것과, 문제가 보다 복잡해질 때도 동일한 접근방식으로 쉽게 대응할 수 있다는 강점이 있습니다. 특히 데이터를 수집할 때 가장 많이 사용하는 이미지나 자연어, 음성 등을 처리하는 속도와 정확도를 높일 수 있어서 앞으로 범용 AI로서 딥 러닝의 사용이 확대될 것으로 예상됩니다.

반면에 딥 러닝은 데이터가 많아질수록 더 높은 정확도를 제공하기 때문에 일반 머신 러닝에 비해 기본 데이터가 많이 필요하고, 그만큼 훈련시간과 비용도 많이 든다는 단점이 있습니다. 그러니 비교적 단순한 목적으로 AI를 활용한다면 굳이 딥 러닝을 사용할 필요는 없겠죠.

빅 데이터

빅 데이터(Big Data)가 AI로 성과를 내기 위한 전제가 되지는 않습니다. 하지만 아무래도 데이터가 많으면 결과의 정확도가 높아지기 때문에 빅 데이터와 AI는 마치 바늘과 실처럼 자주 함께 언급되곤 합니다.

빅 데이터는 기존 데이터베이스 관리도구의 능력을 넘어서는, 수십 테라바이트(TB, Terabyte)가 넘는 많은 양의 데이터를 말합니다. 그리고 이러한 데이터들로부터 가치를 추출하고 결과를 분석하는 기술을 '빅 데이터 분석'이라고 합니다. 다만 일반적으로 '빅 데이터'라고 하면 '분석'의 의미가 포함된 개념이라고 보면 됩니다. 정리하면, 빅 데이터 분석이란 일반적인 방식으로는 정리가 불가능한 많은 데이터를 활용하여 결과를 도출하는 방법이라고 할 수 있습니다.

통상 고화질 영화 한 편의 용량이 대략 2~4기가바이트(GB, Gigabyte)라면, 10테라바이트(TB)는 약 2,500~5,000편의 영화를 담을 수 있는 용량입니다. 물론 엄청난 양의 데이터이긴 하지만, 지금의 외장 하드디스크 용량이 1테라바이트를 넘어서는 상황임을 고려하면, 이 데이터 양이 컴퓨터가 감당 못 할 수준이라고 보기는 어렵습니다. 그렇지만 그 데이터들의 형식이 각양각색으로 정해져 있지 않다면 아무리 컴퓨터라도 감당하기 쉽지 않을 것입니다. 이처럼 데이터 분석역량에는 데이터의 '양'뿐만 아니라 '질'도 영향을 미치기 때문에, 통상 빅 데이터 분석이라고 하면 수십 테라바이트를 넘는 양이라고만 추정하고 명확한 규모를 정해 놓지는 않습니다.

03
AI는 어떤 원리로 작동하는 걸까?

퍼셉트론, 사람의 신경망을 구현해 낸 알고리듬

앞서 AI가 무엇이라고 설명하긴 했지만, 결론적으로 AI에 대한 정의는 확정되지 않았고 지금도 변화하고 있습니다. 하지만 핵심 원리만큼은 명확합니다. 바로 '많은 입력 값(Input)을 통해서 원하는 출력 값(Output)을 찾는 것'입니다. 이러한 원리를 가장 잘 나타내 주는 용어가 바로 '퍼셉트론(Perceptron)'입니다. 퍼셉트론은 'Perception(지각)'과 'Neuron(신경세포)'의 합성어로, 마치 우리 뇌의 신경세포 역할처럼 '많은 데이터를 받아들여서 지각을 가지고 이 데이터들을 어떻게 처리할지 판단해서 결과를 내보내는 방식으로 구현한 알고리듬 모델'이라고 정의할 수 있습니다.

다음 그림처럼 신경세포는 손가락 같은 모양의 신호를 수신하는 부분(가지돌기)과 손바닥 같은 모양의 신호를 처리하는 부분(신

⚙ 신경세포 vs. 퍼셉트론

신경세포

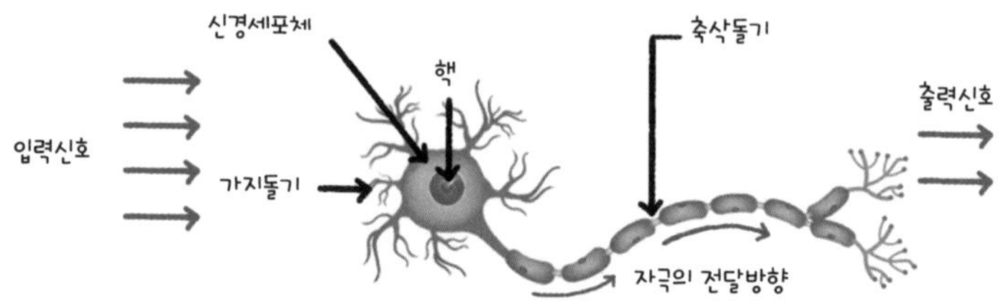

퍼셉트론

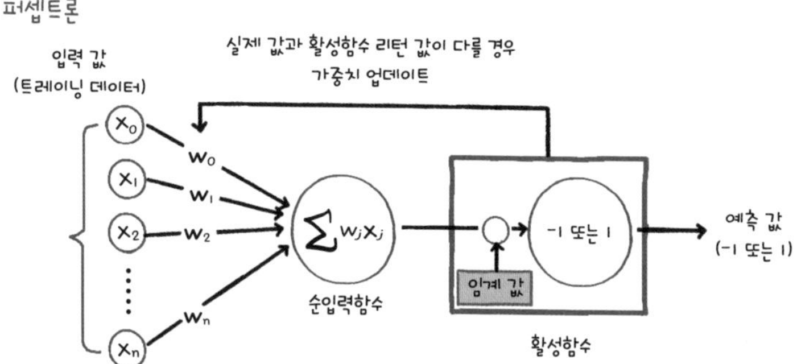

〈출처 : IT위키, 퍼셉트론〉

	신경세포	퍼셉트론
입력	가지돌기 : 자극신호를 신경세포체로 전달	입력층 : 다수의 데이터 입력
처리	신경세포체 : 입력신호를 모아 임계치를 넘을 경우 축삭돌기로 전달	중간층(노드) : 활성화 함수를 통해 가중치 적용
출력	축삭돌기 : 신호를 다른 세포로 전달	출력층 : 결과 값 전달

경세포체), 긴 팔 같은 모양의 신호를 다른 신경세포로 전달하는 부분(축삭돌기)으로 구성되어 있습니다. 신경세포는 수많은 신호를 수신하여 처리하고 결과 값을 전달하는 역할을 합니다. 바로 이러

한 역할을 구현하도록 만든 알고리듬이 '퍼셉트론'입니다.

위와 같이 여러 데이터를 받아들여서 처리한 후 결과 값을 내보내는 퍼셉트론의 알고리듬 방식은 매우 직관적일 뿐 아니라 사람의 신경세포와 1대1로 기능을 대응할 수 있다는 점에서 매우 흥미로운 개념입니다. 지금의 AI 알고리듬 방식과 거의 유사하다고 할 수 있습니다.

그런데 대부분의 사람이 머신 러닝이나 딥 러닝이라는 용어는 비교적 익숙한 반면, 퍼셉트론이라는 용어는 생소할 것입니다. 그 이유는 퍼셉트론이 AI의 핵심 기능을 단순하게 보여 주는 초기 모델로, AI로서 기능하기에는 여러 한계가 있어서 실제 개발 모델로 활용되지는 않았기 때문입니다. 퍼셉트론이 1957년에 고안된 알고리듬이니, AI가 머신 러닝이나 딥 러닝으로 발전하고 많은 사람이 사용하게 되기까지 그 개념이 무려 50년이 넘도록 묻혀 있었다고 볼 수 있습니다. 하지만 사실상 AI의 발전 과정은 퍼셉트론을 현실에 활용하기 위해 그 개념을 지속적으로 발전시켜 온 과정이라고 봐도 무방할 것입니다. (퍼셉트론의 한계에 대해서는 부록을 참조하기 바랍니다.)

04
AI를 똑똑하게 만드는 3가지 학습방법

앞에서 AI의 부분집합인 머신 러닝이 하는 일은 입력된 데이터를 통해 학습하고, 새로운 데이터가 들어왔을 때 그간의 학습 결과를 바탕으로 해답이나 대응방안을 도출하는 것이라고 했습니다. 이 말은 결국 '학습'이 머신 러닝이라고 불리는 AI의 핵심적인 활동임을 의미합니다. 머신 러닝의 학습방법은 크게 지도학습, 비지도학습, 강화학습으로 나뉘는데, 각 학습의 의미는 다음과 같습니다.

① 지도학습

지도학습은 각 데이터마다 '꼬리표(label)'를 달아주면서 학습시키는 방식입니다. 예를 들어 아이에게 고양이 그림을 보여 주고 '이건 고양이야'라고 알려 주거나 'ㄱ'을 보여 주면서 '기역'이라고 읽어 주는 형태의 학습방식이 지도학습이라고 할 수 있습니다.

② 비지도학습

비지도학습은 지도학습과 달리 사전에 데이터에 대해 정의하지 않고, 알아서 정의하라고 하는 방식을 말합니다. 예를 들어 사람들에게 여러 장의 사진을 주고 '비슷한 사진끼리 모아 보라'고 하면 어떨까요? 어떤 사람은 사진 속 인물 중심으로 모을 수도 있고, 배경색이 비슷한 사진끼리 모을 수도 있을 것입니다. 이것이 일종의 비지도학습이라고 할 수 있습니다.

③ 강화학습

강화학습은 '학습방식'을 의미하는 지도 · 비지도학습과는 달리 '학습효과를 높이기 위한 방식'이라고 할 수 있습니다. 강화학습은 지도 또는 비지도와 무관하게 '시간'에 따라 학습효과를 높이는 것을 의미하기 때문에 아래 그래프처럼 표현할 수 있습니다. 즉, 지도 · 비지도학습이 학습방식을 의미하는 X축을 따라 움직이는 함수라면, 강화학습은 학습효과를 의미하는 Y축을 따라 움직이는

⚙ 지도학습 · 비지도학습 · 강화학습의 개념

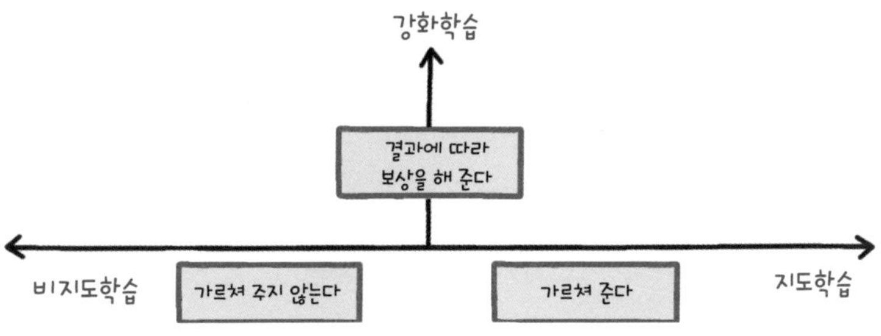

함수라고 볼 수 있습니다.

강화학습은 학습효과를 높이는 데 목적이 있으므로 그래프에 표현된 것처럼 그 목적을 이루기 위해 일종의 상 또는 벌과 같은 보상을 이용합니다. 즉, 결과의 정확도가 높으면 상을 주고, 정확도가 떨어지면 벌을 줌으로써 AI가 능동적으로 정확도를 높이도록 하는 방법입니다.

이번에는 각각의 학습방식을 활용한 사례에 대해 알아보겠습니다.

① 지도학습의 사례

지도학습의 대표적인 사례는 '회귀'와 '분류'입니다.

'회귀'는 입력 데이터와 출력 데이터가 어떤 관계를 가지고 있는지(상관관계)를 밝혀내고, 이를 기반으로 예측 모델을 만들어 내는 것을 말합니다. 이는 엑셀(EXCEL) 프로그램을 이용한 회귀 분석, 즉 이미 밝혀진 입력 값과 출력 값을 기반으로 가장 오차가 적은 상관관계 모델을 만들고, 이러한 모델을 토대로 새로운 입력 값이 들어왔을 때 어떤 결과 값이 적정한지를 정하는 분석방식과 유사합니다. 엑셀에서 여러 데이터를 통해 독립변수인 X 함수와 종속변수인 Y 함수와의 관계를 정하고, 이를 새로 입력된 독립변수(X)에 적용함으로써 Y 값을 정하는 방식을 말하죠. 예를 들어 다음과 같은 엑셀의 TREND 함수를 사용한 Y 값 예측 사례를 살펴보겠습니다.

⚙ 엑셀 TREND 함수 예제

=TREND(E2:M2,E1:M1,N1,)

D	E	F	G	H	I	J	K	L	M	N
X	1	2	3	4	5	6	7	8	9	10
Y	3	5	7	8	10	12	14	15	16	18.33333

위의 그림에서 X 값 1~9와 이에 대응하는 Y 값은 계산한 결과가 아니라 '사전에 정해진 값'을 입력한 것입니다. 그리고 X 값 10에 대응하는 Y 값(18.33333)은 TREND 함수를 이용해 E1~M1까지의 X 값과 E2~M2까지의 Y 값과의 상관관계를 밝혀내고, 이를 기반으로 산출한 값입니다. 여기서 TREND 함수는 아래와 같은 형식으로 표시합니다.

TREND(이미 알고 있는 Y 값, 여기에 대응하는 X 값, 새로운 X 값, X=0일 때 상수*)

* 상수를 따로 정하지 않을 때는 생략

이를 기준으로 위 그림에 표시된 TREND 함수의 구조를 살펴보면 다음과 같습니다.

TREND(E2:M2*, E1:M1**, N1***, ****)

* E2~M2까지의 Y 값
** E1~M1까지의 X 값
*** 대응하는 Y 값을 찾고 싶은 X 값(여기서는 10)
**** 상수는 정하지 않아 생략

간단한 식이지만 지도학습의 회귀가 어떤 식으로 이루어지는지 보여주고 있습니다.

'분류'는 입력 데이터를 특정 군 또는 그룹의 일부로 식별하는 방식을 말합니다. 학습 데이터에 꼬리표(label)를 붙여서 어느 군이나 그룹에 속하는지 골라내는 방식이라고 보면 됩니다. 우리가 일상에서 하는 분류방식과 동일하다고 봐도 무방합니다.

② 비지도학습의 사례

비지도학습은 원하는 답이 무엇인지 모르는 상태에서 알고리듬을 통해 데이터의 패턴을 찾는 학습방식입니다. 데이터가 한눈에 보일 정도로 적은 양이라면 사람이라도 다양한 창의력을 발휘해 패턴을 찾아낼 수 있을 것입니다. 그렇지만 데이터 양이 아주 많고 여러 가지 속성을 가지고 있다면 그 안에서 사람이 뭔가 패턴을 찾아내기는 불가능할 것입니다. 데이터의 속성이 뭔지 모르므로 지도학습처럼 꼬리표(label)를 붙이기도 어렵습니다. 그래서 데이터를 늘어놓고 컴퓨터에게 패턴을 찾아보라고 맡기는 것입니다.

지도학습과 비지도학습과의 차이를 대표적인 지도학습 방식인 '분류'와, 이와 비교되는 비지도학습 방식인 '군집화'를 통해 알아보겠습니다. 군집화는 분류와 같이 꼬리표가 붙어 있지는 않지만, 많은 데이터를 정리하면서 유사한 특성을 찾아내어 '묶음'을 만들어 내는 방법입니다. 물론 정확도는 꼬리표를 붙이는 분류보다 떨어질 수 있지만 데이터를 다루는 과정은 훨씬 간단하겠죠.

예를 들어 회사가 사옥을 이전하게 되어서 여러 부서의 이삿짐을 옮겼다가 다시 각 부서에 보내 줘야 하는 경우를 가정해 볼까요? 이런 경우 일반적으로는 부서 공용물품은 포장박스 상단 라벨에 부서 이름을 써넣고, 개인 사무용품은 담당자의 이름을 써넣습니다. 이런 방식이 '분류'에 해당하죠.

그런데 각 박스에 라벨이 붙어 있지 않으면 어떻게 해야 할까요? 박스를 일일이 열어서 그 안에 담긴 물건의 특징을 파악하여 어느 부서 누구의 것인지를 판별할 수밖에 없습니다. 이렇게 라벨이 없는 상황에서 나름의 임의적 기준으로 분류대상을 모아 두는 것이 '군집화' 방식입니다. 하지만 이러면 오류 가능성도 높고 시간도 많이 걸리겠죠. 이것이 바로 분류와 군집화의 차이라고 보면 됩니다.

비지도학습의 활용방법으로는 군집화 외에도 차원 축소, 이상탐지, 연관규칙 등이 있습니다. 다만 이들은 별도의 방법이라기보다는 군집화를 하는 또 다른 방식이라고 이해하면 됩니다.

먼저 '차원 축소'는 고차원의 데이터를 저차원의 데이터로 변환하는 기법을 말합니다. 여기서 차원은 데이터가 무엇인지 표현하기 위한 속성의 개수를 의미합니다. 만일 여러 데이터를 비슷한 것끼리 묶으려 하는데 고려해야 할 속성이 많다면 어떨까요? 그 과정이 복잡해지고 시간도 오래 걸릴 수밖에 없습니다. 예를 들어 여러 과일을 크기, 색깔, 모양 3가지 속성을 고려해서 비슷한 것끼리 5종류로 나눠서 모으라고 하는 경우와 색깔이라는 속성 하나만 고려해서 모으라고 하는 경우를 비교하면, 후자의 경우가 시각적으로는 큰 차이가 없으면서도 걸리는 시간은 훨씬 적게 들 것입니다. AI도 사람과 마찬가지로 빠르고 단순하게 일 처리를 하기 위해 이렇게 핵심적인 특징을 중심으로 차원 축소를 합니다.

'이상 탐지'는 말 그대로 데이터 세트에서 특이한 패턴을 찾음으로써 이상을 탐지하는 방식을 말합니다. 쉽게 말해 불량품을 찾는 과정이라고 보면 됩니다. '특이한'이라는 표현처럼, 대부분의 데이터가 동일한 패턴인 상태에서 이와 다른 패턴의 데이터를 찾는 방식이기 때문에 상대적으로 찾기가 쉽다고 할 수 있습니다. 그래서 산업에서 AI를 이용할 때 바로 이 '이상 탐지' 기능이 가장 먼저 사용되고 있습니다.

'연관규칙'은 데이터 세트 항목들 간에 어떤 관계가 있는지 찾아내는 방법을 말합니다. 예를 들어 대형 쇼핑몰에서의 고객행동 데이터를 AI로 학습해 보니 아이스크림 판매점이나 스파게티 식당을 방문했던 고객들이 대부분 마트에 장을 보러 가기보다는 영화관을 가는 경향이 있다는 사실을 확인했다고 해 보겠습니다. 쇼핑몰 사업자가 이런 연관성을 발견했다면 아이스크림 판매점과 스파게티 식당 입구에 상영 중인 영화 포스터를 비치하고 팝콘 할인 쿠폰을 제공하는 식으로 영화관 방문자를 늘리기 위한 프로모션을 할 수 있을 것입니다. 스포티파이의 음악 추천, 넷플릭스의 영화 추천, 아마존의 도서 추천 등이 바로 위와 같은 '연관규칙' 학습을 활용한 사례에 해당합니다.

③ 강화학습의 사례

강화학습은 앞서 설명했듯이 결과 값에 대해 보상을 함으로써 최종 결과(출력) 값이 보다 정확해지게 하는 학습방법입니다. 사람이 사회에 적응하고 성장해 가는 과정과 가장 유사한 학습방식으로, 필자는 이것이 AI를 학습시키는 가장 핵심적인 방법이라고 생각합니다.

애완견을 키워 본 독자라면 강아지가 주인이 원하는 행동을 했을 때 보상을 줌으로써 그 행동을 지속하도록 훈련시킨 경험이 있을 것입니다. 예를 들어 강아지가 배변판에만 용변을 보게 하려면 엉뚱한 곳에 용변을 보면 야단을 치고 배변판으로 데려 가 여기서 용변을 보라고 말해야 합니다. 이러면 비록 강아지가 말을 알아듣지는 못해도 분위기는 충분히 이해하겠죠. 그러다 어느 날 강아지가 배변판에다 용변을 보면 쓰다듬어 주고 칭찬을 해 줍니다. 강아지마다 다르겠지만, 이런 훈련을 1~2주 하다 보면 강아지가 배변판의 사용목적을 사람처럼 이해하게 됩니다.

이와 같이 특정 환경에서 어떤 행동을 했을 때 그 결과에 대한 보상이나 벌칙을 줌으로써 원하는 방식으로 행동하게 하는 것이 강화학습 방법입니다.

다음 그림은 강화학습의 개념도입니다. 위 사례에서의 강아지처럼 생각하며 판단하고 행동하는 주체가 '에이전트(Agent)'에 해당하고, 용변을 보는 배변판과 칭찬을 하거나 야단을 치는 주인과 같은 에이전트와 상호작용하여 피드백을 주는 모든 것이 '환경(Environment)'이 됩니다.

⚙ 강화학습 개념도

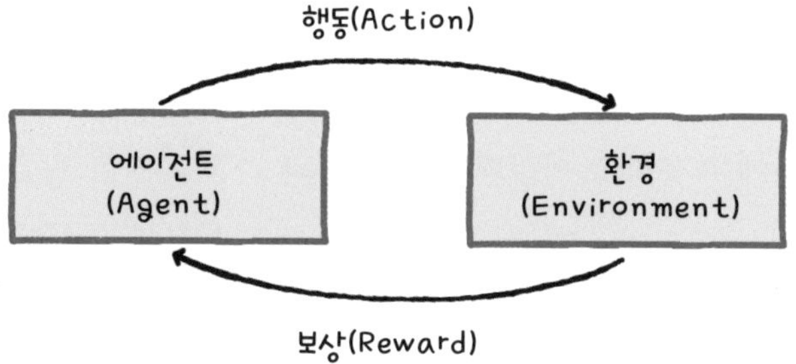

알파고가 바로 위와 같은 강화학습을 통해 이세돌 기사와의 대국을 준비했다고 합니다. 알파고가 특정 수를 두었을 때 결과가 좋았는지 좋지 않았는지를 알려줌으로써 이길 확률이 높은 수를 계속해서 둘 수 있도록 학습하게 한 것이죠.

강화학습이 중요한 이유는 제한적인 데이터만으로도 AI의 활용효과를 기대할 수 있기 때문입니다. 예를 들어 어느 성격 급한 상사가 비서에게 '손님이 올 것이니 커피나 음료를 준비하라'는 지시를 거두절미하고 '준비해'라고만 했다면 어떨까요? 비서는 처음엔 이 말이 무슨 뜻인지 모르겠죠. 하지만 같은 경험을 2~3번 하게 되면 '준비해'라는 말만 듣고도 손님이 몇 명 오는지 확인해서 커피나 음료를 준비하게 될 것입니다. 강화학습은 이런 식으로 최소한의 데이터만으로도 효과를 거둘 수 있는 학습방법이라고 할 수 있습니다. 다만 통계적으로 강화학습을 통한 결과 값의 정확도를 확인하려면 30번 이상의 반복 행동이 필요합니다.

위의 비서에 대한 사례에서 볼 수 있듯이 강화학습은 사용자별 특성을 반영하여 편의성을 높여 줄 수 있기 때문에 개인별 맞춤형 서비스를 구현하는 데 있어서 매우 중요한 기능입니다. 특히 강화학습을 통해 사람마다 다른 언어습관을 반영한다면 음성 서비스의 효용을 훨씬 높일 수 있습니다. 만약 특정 브랜드의 스마트폰이 내 말을 잘 알아듣고 생활패턴을 이해해서 서비스를 제공한다면 다른 브랜드에서 최신의 스마트폰이 나오더라도 바꿀 리가 없겠죠.

아직까지는 스마트폰이 개별 사용자의 언어습관이나 생활패턴을 반영해서 개인화된 서비스를 제공하는 경우는 거의 없습니다. 하지만 사업자들도 개인화된 서비스의 중요성을 충분히 인식하고 있는 만큼 앞으로 강화학습을 통한 개인화 서비스에 많은 발전이 있을 것으로 예상됩니다.

05
지도·비지도·강화학습은 어떤 경우에 활용할까?

이번에는 아래 그림을 중심으로 지도학습, 비지도학습, 강화학습을 각각 어떤 경우에 활용하는지 살펴보겠습니다.

⚙ 상황별 머신 러닝 활용

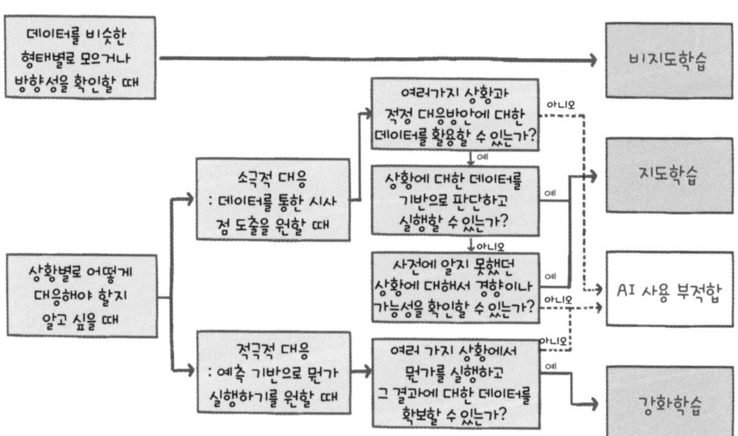

〈출처 : MIT SLOAN SCHOOL OF MANAGEMENT, https://mitsloan.mit.edu/ideas-made-to-matter/machine-learning-explained〉

① AI의 사용이 부적합한 경우

먼저 앞의 그림에서 AI 사용이 부적합한 경우부터 알아보겠습니다.

그림을 잘 살펴보면 단순한 경향 파악이 아니라 뭔가 상황에 맞는 의미 있는 조언(시사점 도출 또는 실행)을 기대하는데, 그런 조언을 할 만한 '충분한 데이터'가 없으면 'AI 사용이 부적합하다'라고 되어 있습니다. AI 기능을 구현하는 AI 엔진이 아무리 훌륭해도 제대로 된 데이터를 충분히 가지고 있지 않다면 원하는 결과를 얻을 수 없다는 것이죠. 머리는 좋은데 공부를 안 해서 공부를 못하는 학생이 된 셈입니다. 따라서 AI를 기반으로 사업을 하건 사업에 AI를 활용하건 간에 AI 기술 확보보다 선행해야 할 것이 있습니다. 바로 현재 데이터를 충분히 가지고 있고, 앞으로도 계속 확보할 수 있는지 여부를 확인하는 것입니다.

이번에는 어떤 경우에 어떤 AI 학습방법을 활용할 수 있는지 살펴보겠습니다.

② 비지도학습을 활용하는 경우

우선 AI로부터 기대하는 것이 가장 적은 경우부터 시작해 보죠. 데이터에 대한 정보는 없지만, 데이터를 모아서 어떤 경향 또는 방향성을 알고 싶거나, 이상(異常) 또는 정상적인 상황인지 확인하기만 하면 되는 경우에는 '비지도학습'을 활용합니다. 비지도학습은 앞의 그림처럼 데이터 양이 적더라도 AI를 활용할 수 있게 해 주는 유용한 도구이고, 미리 학습해서 특성을 라벨링한 데이터가 없더라도 이상 탐지를 위한 모니터링에 활용할 수 있습니다.

③ 지도학습 또는 강화학습을 활용하는 경우

AI를 통해 특정 상황별 판단과 대응방안을 도출하고자 할 때는 '지도학습'이나 '강화학습'을 활용합니다.

특히 '강화학습'은 주로 AI가 적극적으로 원하는 행동을 하도록 만들고 싶을 때 활용합니다. 다만 조건이 있습니다. 내가 AI에게서 원하는 행동이 뭔지에 대한 충분한 데이터가 있어야 합니다. 예를 들어 A, B, C 중 하나를 선택하게 해야 하는데 내가 원하는 결과가 어떤 것인지 확실치 않을 때는 강화학습을 사용할 수 없습니다. 반면에 사전에 내가 원하는 결과를 정하지 않았더라도 A, B, C 중 하나를 선택한 결과에 따라 어떤 게 내가 원하는 결과인지 충분히 알 수 있다면 강화학습을 사용할 수 있습니다. 이마저도 알 수 없다면 강화학습을 사용할 수 없습니다.

'지도학습'은 보다 복잡한 환경에서 여러 가지 데이터를 활용해 미리 AI를 학습시킴으로써 사람보다 좀 더 정확하게 바람직한 대안을 찾게 하고 싶을 때 활용합니다. 즉, 데이터의 불완전성이나 상황의 불확실성으로 인해 정답을 100% 찾게 할 수는 없지만 정확도를 높일 수 있을 때 '지도학습'을 사용합니다. 따라서 상황과 관련한 데이터와 실행의 결과를 사전에 알 수 있고, 현재 처해 있는 상황이 내가 가지고 있는 상황에 대한 데이터 내에 포함되어 있어야 사용할 수 있습니다.

예를 들어 날씨에 따라 관리하기가 까다로운 고급 코트가 있다고 가정해 보죠. 이를 위해 날씨가 맑을 때, 흐릴 때, 비가 올 때 어떻게 코트를 관리해야 하는지 가이드라인을 제시하는 AI를 개발하기로 했습니다. 그런데 이런 경우 어떤 상황이 흐린 날씨인지 판단하기가 모호할 수 있습니다. 흐린 날씨를 판단하는 기준이 구름이 하늘의 50%를 덮는 상황인지, 구름이 해만 가리면 되는 상황인지, 습도가 일정 수준 이상인 상황인지가 불명확하기 때문이죠. 또한 흐리다 맑아지는 상황은 어떻게 정의해야 할지도 판단하기 어렵습니다. 이렇게 상황과 관련한 데이터와 실행의 결과를 정의하기 어렵다면 지도학습을 사용할 수 없습니다.

지금까지 대표적인 AI 학습방법과 각각 어떤 경우에 활용할 수 있는지 간단하게 알아봤습니다. 2부에서 AI를 산업 분야에 어떻게 적용할 수 있는지 살펴보면 지금까지 설명한 AI 학습방법이 어떻게 활용되는지를 좀 더 명확히 이해할 수 있을 것입니다.

06
챗GPT 는 뭐가 특별한 걸까?

'챗GPT(ChatGPT)'는 최근에 가장 화두가 되고 있는 AI 서비스로, '생성형 AI'로 불리는 유형 중 가장 대중적으로 많이 쓰이고 있습니다.

생성형 AI의 능력은 짜깁기다?

'생성형 AI'는 간단히 말해서, 주로 사용자의 요구에 따라 텍스트, 오디오, 이미지 등 이미 존재하는 콘텐츠를 활용하여 유사한 콘텐츠를 새롭게 만들어 내는 AI 기술입니다.•

• 매일경제 용어사전 등 참조

좀 더 자세히 풀어 보면, 사용자가 원하는 형태의 콘텐츠를 요구했을 때 AI가 이미 만들어진 사용 가능한 콘텐츠(문서, 그림, 음악 등) 중에서 사용자가 원할 만한 것들을 뽑아 낸 후, 이것들을 사용자의 요구에 맞게 편집 · 정리하여 제공하는 기술입니다. 한마디로 아주 효과적인 '짜깁기' 기술이라고 정의할 수 있죠. 콘텐츠를 새롭게 만들어 낸다고 해서 기존에 없던 것을 만들어 내는 것이 아니라, 사용자의 요구에 맞춰 이미 존재하는 콘텐츠를 정리하고 잘 포장하는 것이니까요.

사람 일을 대체하는 시대를 앞당기는 기술

그럼 뭐가 달라질까요? 이전의 AI가 제시하는 결과는 주로 '단답형'이었습니다. 알파고의 경우 바둑의 다음 수를 정해주는 식이었고, 기타 다른 경우도 마찬가지였습니다. 앞서 사례로 든 IBM의 왓슨 역시 퀴즈 쇼에서 그저 정답을 추론해서 답을 했을 뿐이지, 복잡한 설명이나 토론을 하지는 못했습니다. 이에 비해 챗GPT는 질문에 대해 그럴듯한 '여러 문장'으로 대답을 합니다. 따로 해석을 할 필요도 없죠. 챗GPT의 답변을 그대로 보고서로 작성해서 제출해도 큰 무리가 없습니다.

결론적으로 AI는 사람이 그림을 그리거나, 보고서를 쓰는 일을 대체할 수 있습니다. 디자이너, 화가의 일을 대체하거나, 보고서를 논리적으로 쓰지 못하는 사무직 직장인보다 훨씬 체계적이고 종합적인 보고서를 쓸 수 있습니다. 심지어 일반적인 수준의 코딩을 하는 개발자의 역할도 대체할 수 있습니다.

그간 AI가 어떤 직업을 대체할지에 대해 많은 의견이 있었지만, 이제 실제로 AI가 특정 직군이나 직업을 대신하는 시대가 도래했다고 볼 수 있습니다. 현재는 이미 공개된 데이터를 활용해 문서나 그림을 제작하는 생성형 AI 기능만을 사용하고 있습니다. 하지만 앞으로는 새로운 이슈에 대한 분석이 필요할 때 AI가 관련 데이터를 모아서 지도 · 비지도 · 강화학습을 통해 이슈 분석 결과를 도출하고, 여기에 생성형 AI로 만든 문서나 그림 데이터까지 활용하여 적시에 종합적인 보고서를 제공하는 방식으로 진화할 것으로 보입니다. 이러면 사람이 할 일이 아예 없어지게 되겠죠.

예를 들어 개별 기업에서 제조 관련 내부 데이터를 활용해 비지도학습을 한 AI가 기계의 이상작동 현상이나 불량 가능성을 감지했다고 해 보죠. 과거에는 이런 경우 AI가 이상작동 현상 등을 경고하는 메시지만 제공할 뿐이고, 담당자가 그것을 다시 확인해서 어떤 조치를 취해야 할지를 판단해야 했습니다. 만일 그 결과 기계의 작동을 멈추거나 교체가 필요하다고 판단했다면 의사결정을 위한 보고서를 작성해야 하겠죠. 이럴 때 만약 담당자가 바쁘거나 휴가라도 간다면 이 과정이 며칠씩 걸릴 수도 있고, 심지어 그 사이에 담당자가 해당 사실을 잊어버릴 수도 있습니다.

그렇지만 여기에 '생성형 AI'까지 활용하면 단순히 메시지만 전달받는 것이 아니라, 메시지의 의미와 함께 해결방안에 대한 보고서까지 바로 얻을 수 있습니다. 이러면 문제의 확인에서 대응방안

도출까지의 일을 빠른 시간 내에 인력 활용을 최소화하여 효과적으로 처리할 수 있습니다. 기업 규모가 크다면 한 개 팀에서 맡았던 이 모든 과정을 한 사람에게 맡길 수 있을 정도로 업무가 줄어들어 필요 인력을 줄일 수 있게 되겠죠. 결과적으로 생성형 AI는 산업현장에서 AI가 사람의 일을 대체하는 시대를 앞당기는 가장 결정적인 기술이 될 것으로 예상됩니다.

07
AI가 정말 우리 삶을 바꿀 수 있을까?

여러분은 일상생활에서 AI를 얼마나 사용하고 있나요? 필자의 경우 AI 스피커로 음악을 듣고, 운전할 때 음성으로 전화를 거는 정도인 것 같습니다. 좀 더 편리해지기는 했는데 삶이 아주 많이 변한 것 같지는 않습니다. 현재 상황만 보면, 우리 삶이 엄청나게 변하고 많은 직업이 없어질 거라는 TV 뉴스가 그다지 실감나지는 않습니다. 이런 이유로는 2가지 원인을 생각해 볼 수 있습니다.

AI로 인한 변화가 크게 와 닿지 않는 이유

첫째, 현재 AI가 하는 일이 대부분 우리가 실제로 기계나 서비스를 '사용하는 방식'(보통 사용자 환경(UI, User Interface) 혹은 사용자 경험(UX, User EXperience)이라고 하죠) 측면보다는, 사람으로 치면 '두뇌'

에 해당하는 부분에서 이루어지기 때문입니다.

둘째, 아직 AI 자체가 우리가 삶 속에서 피부로 느낄 정도로 충분히 고도화되지 못했기 때문입니다.

필자는 AI가 초기에 화두가 되었을 때에 기대했던 수준에 비교하면 아직 캐즘(Chasm)•에 있다고 생각합니다. 당초 예상보다 AI 기술의 발전이 훨씬 더디게 진행되었기 때문이죠.

예를 들어 2011년에는 앞서 사례로 든 IBM의 왓슨이 예상되는 퀴즈의 질문과 답을 축적한 데이터베이스를 기반으로 퀴즈 쇼에서 인간을 이겼습니다. 이미 10년이 넘게 지난 이야기죠. 이후 왓슨이 AI를 기반으로 여러 상황에 활용될 수 있다고 하여 많은 기업에서 상당히 비싼 가격을 주고 구입했습니다. 하지만 이로 인해 기업에서 획기적인 성과를 냈다는 뒷얘기를 들어 본 적이 있나요?

사실 자율주행 자동차 외에는 AI를 활용해서 뭔가 크게 변하고 사람들을 놀라게 한 사례를 찾아보기 어렵습니다. 자율주행의 경우에도 고속도로처럼 비교적 운행이 단순하고 예측 가능한 돌발 상황이 제한적인 상황에서만 사용되고 있습니다. 그래서 현재 AI 개발을 위해 많은 데이터를 축적하고 활용하고 있긴 하지만, 아직까지는 상용화를 하거나 기존의 서비스를 대체하기에는 충분치 않다고 보는 것입니다.

• 기술개발이 초기 단계를 지나 정체되는 현상 또는 초기 시장을 지나 수요가 정체되는 현상

또한 AI가 기존과 다른 사용자 경험(UX)을 제공하는 경우도 극히 제한적입니다. 여러분은 AI로 인해 물건을 사용하는 방식이나 생활방식이 바뀐 것이 있나요? 좀 더 편리해지기는 했지만 크게 바뀐 것은 없다고 느낄 것입니다.

그럼 AI는 누구에 의해서 어떤 방식으로 우리 삶을 바꾸게 될까요? 필자는 간혹 누군가가 '왜 우리는 AI가 만들어 내는 변화를 제대로 인지하지 못하느냐'고 물으면 'AI가 우리 삶을 바꾸는 과정은 가랑비에 옷 젖는 것과 같기 때문이다'라고 답합니다. 앞서 얘기했듯이 데이터가 점점 쌓여 가고, 이 데이터를 활용하는 방식이 조금씩 향상되면 우리도 모르는 사이에 AI를 가까이서 더 많이 접하고, 실생활에 활용하게 될 것이라는 의미입니다.

여러분 중에는 차가 밀리는 고속도로나 차가 없는 국도에서 자율주행 기능을 이미 사용해 본 사람이 있을 것입니다. 이런 기능들이 익숙해지면 나도 모르게 AI를 더 많이 사용하게 될 것입니다. 당장 획기적인 변화를 기대하기는 어렵지만, 이미 많은 영역에서 AI를 활용하고 있는 만큼 활용도는 점점 증가할 것입니다.

AI는 이미 오랫동안 발전되어 왔고, 고도화를 위한 데이터 분석과 처리능력 향상이 어렵기 때문에 우리가 예상치 못한 엄청난 기술적 변화를 기대하기는 쉽지 않습니다. 챗GPT마저도 앞서 '효과적인 짜깁기 기술'이라고 표현했듯이 엄밀히 보면 특별할 게 많지 않은 기술입니다. 따라서 앞으로도 가랑비에 옷 젖듯 나도 모르게 아주 조금씩 AI에 익숙해지고 의존하게 되는 추세가 지속될 것으로 보입니다.

누가 AI의 주도권을 쥐게 될까?

그러면 앞으로 어떤 사업자가 AI를 주도하게 될까요? 현재로서는 이미 시장을 주도하고 있는 플랫폼 사업자의 주도권이 유지될 가능성이 가장 높아 보입니다. 챗GPT의 경우 일종의 비영리법인을 지향하는 신생 스타트업인 '오픈 AI(Open AI)'가 개발했으나, 상용화 과정에서 마이크로소프트가 약 140억 달러를 투자했습니다. 새로운 AI 기능이 고도화되고 상용화되는 데 있어서 플랫폼 사업자의 대규모 투자와 협력이 필요하다는 사실을 간접 시사하는 사례로 볼 수 있죠.

그런데 향후에는 '기업용 AI'에 특화된 업체가 본격적으로 세일즈포스닷컴(Salesforce.com)과 같은 대형 기업으로 성장할 것으로 예상됩니다. 아직까지는 기업들이 AI의 활용 자체가 기업 실적을 끌어올리는 데 도움이 되므로 당연히 도입해야 한다고 생각하는 인식이 낮습니다. 하지만 AI가 반드시 사용해야 하는 기능이라는 공감대가 형성되는 데 긴 시간이 걸리지는 않을 듯합니다.

한 예로, 기업을 대상(B2B)으로 클라우드 서비스를 제공하는 '아마존 웹 서비스(Amazon Web Service)'를 들어보겠습니다. 이 서비스가 시작된 2006년 당시에 아마존은 이미 온라인 쇼핑몰 선도기업이었지만 클라우드 서비스 측면에서는 그다지 장점이 없었습니다. 온라인 쇼핑몰을 운영하는 기업이니 서버 운영과 데이터 관리 역량은 갖추고 있었겠지만, 당시에는 구글(Google)이나 야후(Yahoo) 등에 비해 오히려 경쟁력이 떨어졌다고 보는 것이 맞습니다.

그럼에도 불구하고 아마존 웹 서비스는 독자적으로 새로운 시장을 개척하고 선도했습니다. 마이크로소프트의 경우 이보다 5년이 지난 2011년에서야 '애저(Azure)'라는 서비스로 이 시장에 참여할 수 있었습니다. 아마존은 이와 같은 선도적 시장 개척을 통해 현재도 시장 선도자로서 30%가 넘는 시장점유율을 점하고 있습니다.

필자는 '기업용 AI 시장'이 아직 초기에 있기 때문에 거대 플랫폼 기업이 아니라도 시장을 선도하는 새로운 기업이 나올 수 있다고 생각합니다. 기업용 AI 시장은 일반 사용자를 대상으로 한 AI 시장과는 별개로 독자적인 시장을 유지할 것으로 예상됩니다. 기업용 AI의 경우 공개된 외부 데이터도 다뤄야 하지만, 핵심적인 역할은 기업 내부 데이터를 관리하고 이를 통해 직·간접적인 의사결정을 지원하는 데 있습니다. 따라서 기존에 모으고 축적해 놓은 데이터가 많지 않더라도 데이터 처리능력을 갖추고 효과적인 결과물을 제시할 수 있다면 경쟁력을 갖출 수 있습니다.

다만 소규모 기업이 기술력만으로 대형 기업으로 성장할 가능성은 높지 않아 보입니다. 딥마인드(DeepMind)나 오픈 AI의 사례로 알 수 있듯이 AI 서비스 사업이 성장하려면 대규모 투자와 많은 사용자의 확보가 필요하기 때문입니다. 단순히 AI 기술만 우수하다고 해서 사용자들이 원하는 서비스를 제공할 수 없기 때문에 기술 기반의 기업들은 독자적으로 사업을 성장시키기보다는 일정 시점에 대형 기업에게 기업을 매각하는 것이 현명한 판단이 될 것으로 보입니다.

2부
AI가 산업에
어떤 도움이 되는지
알아보자

경영자 입장에서 AI에 대해 가장 궁금한 내용은 'AI가 실제 사업실적에 어떤 영향을 끼칠까'일 것입니다. 여기저기 쓰이고 뭔가 좋다는데 도대체 뭐가 좋고 왜 써야 하는지 알아야 경영현장에 활용할 수 있을 테니까요.

AI의 사용효과는 크게 '사업모델 변화'와 '운영효율 향상' 2가지 방향에서 생각해 볼 수 있습니다.

먼저 '사업모델 변화'는 마케팅을 잘해서 매출이 향상되었다, 상품기획을 잘해서 좋은 제품이 나왔다는 것과 같이 사업 운영상 활동을 잘해서 실적을 향상시킨다는 의미가 아닙니다. '사업모델', 즉 '고객에게 제품이나 서비스를 제공하는 방식'을 변화시키는 것을 의미합니다. 예를 들어 할인점에서 AI를 이용해 판매나 계산인력이 없는 무인점포를 운영한다거나, 자율주행을 포함해 차량을 타고 있을 때 AI 비서 서비스로 도움을 준다거나 하는 것처럼 고객이 제품이나 서비스를 이용하는 방식을 변화시키는 것을 말합니다.

'운영효율 향상'은 기업 내에서 이루어지는 활동, 즉 구매에서 판매에 이르는 핵심적인 활동과 마케팅, 인사, 재무 등의 스탭업무 등 경영관리 활동 자체가 AI를 통해 저비용 또는 고성과를 이루어 내고 결과적으로 기업 매출 증가 또는 비용 절감으로 이어지는 것을 말합니다.

따라서 위와 같은 AI 사용효과는 특정 업종에 국한되지 않고 모든 유형에 적용될 수 있습니다.

2부에서는 먼저 AI가 변화를 만들어 낼 수 있는 산업을 살펴보고 나서, 각 경영활동별로 AI가 어떤 효익을 제공할 수 있는지 알아보겠습니다.

2부 AI가 산업에 어떤 도움이 되는지 알아보자

1장

AI는 제조업을 어떻게 변화시킬 수 있을까?

01
제조업을 특별히 따로 다루는 이유

먼저 제조업을 중심으로 AI가 어떤 변화를 가져올 수 있는지 살펴보겠습니다. 그 전에 왜 제조업이 별도로 다룰 정도로 중요한지부터 알아보죠.

우리나라의 GDP 대비 제조업 비중은 24.3%(2023년 기준)입니다. 국가별로 보면 다음 표와 같이 7번째에 해당하죠. 베트남보다도 제조업 비중이 높습니다. 그럼 예전에는 훨씬 높았는데 우리나라 산업이 고도화되면서 제조업 비중이 낮아졌을까요? 아니요. 오히려 경제가 성장함에 따라 1960년대부터 1980년대까지 비중이 계속 증가했고, 약 30년 전부터는 지금의 비중이 유지되고 있습니다.

독일의 경우 20위 안에는 못 들지만 여전히 GDP의 20%에 가까운 부가가치를 제조업에서 창출하고 있습니다. 아직까지 제조업 비중이 세계 상위 수준이죠. 2000년대 이후 인당 GDP가 급

⚙ 국가별 GDP 대비 제조업 비중(2023년 기준)

순위	국가	비중(%)	순위	국가	비중(%)
1	푸에르토리코	45.6	11	방글라데시	22.3
2	아일랜드	34.2	12	가봉	21.6
3	에스와티니	27.6	13	슬로바키아	21.5
4	중국	26.2	14	체코	21.4
5	태국	24.9	15	멕시코	20.2
6	아이티	24.5	16	슬로베니아	19.9
7	대한민국	24.3	17	바레인	19.8
8	베트남	23.9	18	우즈베키스탄	19.5
9	말레이지아	23.1	19	파라과이	19.4
10	벨라루스	23.0	20	튀르키예	19.4

* 참고 : 독일 19.0%(21위)

〈출처 : theglobaleconomy.com, The World Bank〉

격히 성장하여 세계 최고 수준의 잘 사는 나라가 된 아일랜드는 어떤가요? 도시 수준의 작은 국가를 제외하고 인당 GDP 기준으로 세계 1위(2023년 기준, 월드뱅크)임에도 불구하고 제조업 비중이 30%가 넘죠. 높은 제조업 비중으로 볼 때 제조업이 국가를 성장시키는 원동력임을 알 수 있습니다.

우리나라는 서비스업 비중이 GDP의 60% 수준에 이릅니다. 그렇지만 인당 생산성은 제조업의 절반에도 미치지 못합니다. 제조업 분야의 고용비중이 줄어든다고 해서 산업 자체의 중요성이 떨어지지는 않는다는 것이죠. AI를 통한 제조업 생산성 향상이 가시

۞ 1960년 이후 대한민국의 GDP 대비 제조업 비중 추이

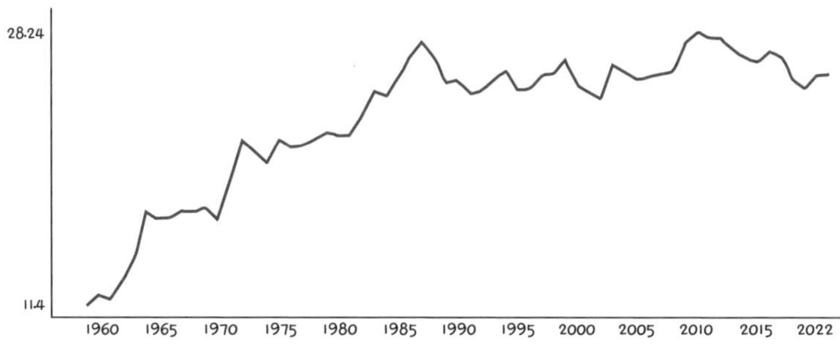

〈출처 : theglobaleconomy.com, The World Bank〉

화된다면 제조업과 서비스업 간의 생산성 차이는 더욱 벌어질 것입니다. 국가적 차원에서 제조업 생산성 향상의 열쇠로서의 AI의 중요성이 어느 때보다 커졌다고 할 수 있습니다.

이제 필자가 왜 제조업 분야를 별도로 빼내서 그 분야에서의 AI 활용에 대해 면밀히 살펴보려는지 이해할 수 있겠죠? 그럼 지금부터 제조업 속으로 좀 더 깊이 들어가 보겠습니다.

02
스마트 팩토리가 공장을 어떻게 바꾼다는 걸까?

먼저 '스마트 팩토리(Smart Factory)'부터 시작해 보죠. 스마트 팩토리는 간단히 풀어 보면 똑똑한 공장입니다. 그렇지만 '똑똑한'과 '공장'이라는 용어를 어떻게 해석하느냐에 따라 의미가 달라집니다.

'스마트'한 '팩토리'란?

먼저 '스마트(똑똑한)'부터 살펴보겠습니다. 스마트는 '정보통신기술(ICT, Information and Communication Technologies)을 사용한다'라고 이해하는 편이 가장 적정해 보입니다. 즉, IoT(Internet of Things, 사물 인터넷)를 통한 정보 수집, AI를 통한 분석, 네트워크를 활용한 정보 전달이나 공유기능을 사용한 것을 '스마트'의 의미로 보면 됩니다. 이런 의미에서 기계를 이용해 사람이 없는 공장을 추구하는 '공장 무인화'나 '공장 자동화'와는 다소 결이 다릅니다. 단순 기능을 반복해서 제조하는 공정이라면 정보통신기술을 전혀 사용하지 않고도 공장 자동화를 실현할 수 있습니다.

다음은 '팩토리(공장)'의 범위입니다. 좁게는 공장 내부 활동으로 국한할 수도 있고, 보다 범위를 넓게 볼 수도 있습니다. 이처럼 보는 관점이 각기 달라서 딱 뭐가 맞는다고 정하기는 어렵지만 대체로 '공장 내부 활동'으로 범위를 국한하는 경우가 많습니다. 팩토리니까 당연히 공장을 변화시키는 것으로 보는 시각이 맞는다고 볼 수 있겠죠. 이보다 범위를 확대하면 스마트 팩토리가 아닌 스마트 매뉴팩처링(Manufacturing)이나 스마트 엔터프라이즈(Enterprise)로 불러야 할 테니까요. 필자 역시 효율화나 혁신대상으로서의 팩토리 범위는 제조현장으로 국한하는 것이 맞는다고 생각합니다.

그렇지만 스마트 팩토리를 실행하기 위해 사용하는 '정보의 범위'는 '제조활동 전·후방의 모든 과정'을 포함하는 것이 더 적정해 보입니다. 즉, 수집하고 분석하는 정보의 대상은 제품의 기획, 설계 같은 제조 이전의 활동부터 물류나 판매 같은 제조 이후 활동까지 포함하는 것이 맞는다고 봅니다.

예를 들어 보죠. 스마트 팩토리를 도입하면 맞춤형 생산이 가능하다고들 합니다. 그러면 어떤 제품이 얼마나 팔렸고, 주문이 들어왔는지에 대한 정보가 없다면 맞춤형 생산을 할 수 있을까요? 결론적으로 스마트 팩토리는 정보통신기술을 사용해 제조활동과 관련된 전 과정의 데이터를 수집·분석해서 공장 내에서 효율적인 생산방식을 구현하는 것이라고 정의할 수 있습니다.

아래 그림은 스마트 팩토리의 전체 모습을 나타낸 것입니다. 그림을 보면 먼저 여러 종류의 센서(IoT)를 통해 각 제조 과정과 유통 및 물류에서 발생하는 이동 과정, 제품 사용에 따른 위치 이동, 제품의 성능과 상태, 환경 등에 관한 데이터를 수집하는 단계가 있습니다. 그리고 이 데이터들을 IoT 네트워크를 통해 클라우드 인프라에 설치한 데이터베이스에 모아 둡니다. 꼭 실시간이 아니라도 수집한 데이터를 활용하는 데 지장이 없을 정도의 주기로 모은다면 문제가 없다고 생각합니다. 그리고 나서 모아 둔 데이터를 분석해서 일상적인 운영에서의 효율성을 개선하고, 이와 관련한 데이터는 다시 IoT를 통해 수집됩니다. 이렇게 운영을 통해 축적된 데이터는 제품설계의 변경 및 고도화, 프로세스 개선, 품질 향

⚙ 스마트 팩토리 개념도

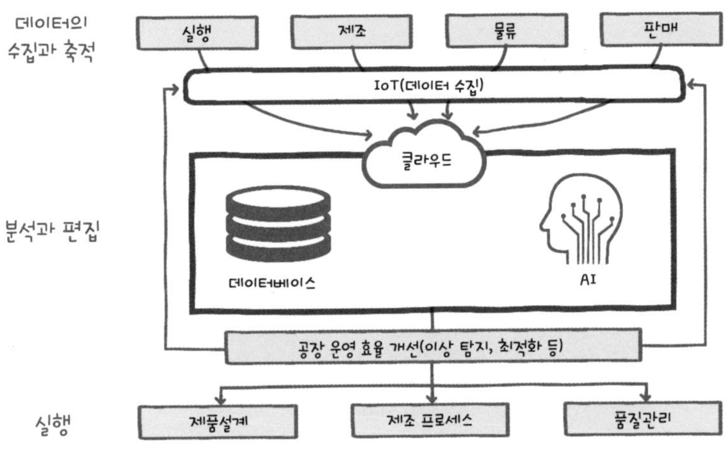

상 등 중장기적 제조혁신에 활용하게 됩니다.

간단히 정리하면, 스마트 팩토리는 앞의 그림처럼 '데이터의 수집과 축적→분석과 편집→실행'이라는 3단계의 데이터를 활용한 접근방법을 통해 기존의 전통적인 제조방식을 변화시키는 것이라고 할 수 있습니다.

완전 자동화가 정말 가능할까?

그럼 이와 같은 스마트 팩토리를 실현하는 데 있어서 AI가 어떤 역할을 하고, 어떤 효과를 기대할 수 있을까요? 이에 대해 챗GPT에게 물어보니 아래와 같은 답을 제시했습니다. (챗GPT의 답변은 질문의 표현과 시기에 따라 달라질 수 있습니다.)

1. **예측 유지 · 보수** : AI 알고리듬은 센서 및 기타 소스의 데이터를 분석하여 기계가 고장날 가능성이 있는 시기를 예측할 수 있습니다. 이를 통해 제조업체는 고장이 발생하기 전에 유지보수 일정을 계획하여 가동 중지 시간을 최소화하고 유지보수 비용을 줄일 수 있습니다.
2. **품질관리** : AI를 사용하여 이미지를 분석하고 제품의 결함을 감지할 수 있습니다. 이를 통해 생산공정 초기에 품질문제를 파악하여 낭비를 줄이고 고객 만족도를 높일 수 있습니다.
3. **자율로봇** : AI 기반 로봇은 제조 및 조립 라인에서 부품 선택 및

배치와 같은 반복작업을 수행하는 데 사용할 수 있습니다. 이를 통해 생산성을 높이고 작업장 부상위험을 줄일 수 있습니다.

4. **프로세스 최적화** : AI 알고리듬을 사용하여 센서 및 기타 소스의 데이터를 분석하여 생산 프로세스의 병목현상 및 기타 비효율성을 식별할 수 있습니다. 이를 통해 제조업체는 프로세스를 최적화하여 효율성을 높이고 비용을 절감할 수 있습니다.

전반적으로 AI는 제조업체가 운영을 최적화하고, 비용을 절감하며, 품질을 개선할 수 있도록 하여 생산 프로세스를 혁신할 수 있는 잠재력을 가지고 있습니다.

* 물류 등을 포함한 공급망 최적화에 대한 답변 내용은 제외했습니다.

이 답변은 AI의 역할과 기대효과에 국한된 내용이라기보다는 스마트 팩토리를 도입했을 때의 전반적인 효과에 가깝다고 할 수 있습니다. 공장을 운영하는 사람이라면 이 내용을 보고 기존의 공장과 뭐가 다르냐고 반문할 수 있습니다. 이에 대해서는 '생산 과정, 정보통신기술, 자동'이라는 3가지 용어를 어떻게 생각하느냐에 따라 기존과 아무 차이가 없는 공장으로 볼 수도, 먼 미래에나 가능한 공장으로 볼 수도 있습니다.

이미 많은 공장에서 ICT(정보통신기술), 특히 무선통신기술을 적용한 센서 등을 통해 공장 내 기계의 가동현황과 제조활동 관련 데이터를 실시간으로 전달 받거나, 이상 탐지를 하고 있을 것입니다. 그렇다면 이런 기업들에게 '현재의 공장이 정보통신기술을 이용해서 자동으로 운영되는 공장이냐'고 물으면 '그렇다'라고 대답할 수 있을까요? 아마도 그렇게 대답할 기업은 거의 없을 것입니다. 일부 공정이 완전 자동화되어 있을 수는 있지만 공장 전체가 완전 자동화되었다고는 볼 수 없기 때문이죠.

게다가 아쉽게도 완전 자동화가 극한의 효율을 가져다 주지도 못합니다. 스티브 잡스는 아이폰이 나오기 훨씬 이전에 애플 컴퓨터를 만들면서 꿈의 공장을 목표로 완전 자동화를 시도했다가 실패했습니다. 심지어 아이폰을 만들 때는 많은 근로자를 투입해서 제조하는 공장에 외주를 맡기기도 했습니다. 꿈의 공장과는 상당한 거리가 있었죠. 테슬라 역시 완전 자동화를 시도하다가 실패를 겪었습니다.

그럼 왜 이렇게 완전 자동화에 실패하는 걸까요?

첫째, 완전 자동화에 들어가는 과도한 투자비 때문입니다. 실제로 사람은 쉽게 할 수 있는 섬세한 작업이나 복잡한 작업을 로봇으로 대체하려는 시도가 많았지만, 대부분 많은 투자비를 쏟아 붓고도 작업 자체를 구현해 내지도 못하는 결과로 끝나고 말았습니다.

둘째, 완전 자동화가 이루어지면 오류가 발생했을 때 해당 오류의 발견과 수정이 조기에 이루어지지 못할 뿐 아니라, 오류의 수정이 다른 공정까지 차질을 빚게 하는 경우가 많기 때문입니다.

셋째, 완전 자동화를 하고 나면 공정기술의 발전과 제품설계의 변화에 따라 기존 공정을 변경하기 어렵기 때문입니다. 완전 자동화를 위해 상당한 투자를 했는데 얼마 되지 않아 변경된 공정을 또다시 뒤집어엎어야 한다면 오히려 비효율을 만들어 내게 됩

⚙ 스마트 팩토리의 단계별 수준

등급	수준 단계	특성	조건(구축수준)
Level 5	고도화	맞춤 및 자율 (Customized & Autonomy)	모니터링부터 제어, 최적화까지 자율로 운영
Level 4	중간 2	최적화 및 통합 (Optimized & Integrated)	시뮬레이션을 통한 사전 대응 및 의사결정 최적화
Level 3	중간 1	분석 및 제어 (Analysed & Controlled)	수집된 정보를 분석하여 제어 가능
Level 2	기초 2	측정 및 확인 (Measured & Monitored)	생산정보 실시간 모니터링 가능
Level 1	기초 1	식별 및 점검 (Identified & Checked)	부분적 표준화 및 실적정보 관리
Level 0	ICT 미적용	미인식 및 미적용	미인식 및 ICT 미적용

〈출처 : 한국품질재단〉

니다.

결론적으로 완전 자동화를 스마트 팩토리의 최종 목표로 하여 현실에 100% 적용하는 데는 한계가 있습니다. 따라서 스마트 팩토리 역시 자율주행처럼 점진적으로 변화를 만들어 가는 개념으로 봐야 할 것입니다. 위의 표는 이러한 스마트 팩토리의 단계별 수준을 중소벤처기업부 산하기관인 스마트제조혁신추진단에서 정리한 내용입니다(현재는 더 기술적인 용어 중심으로 개정했습니다).

단계적으로 차근차근 올라가며 살펴보죠. Level 0에서 Level 1으로 오르면 공정 과정에서 결과로서 나오는 데이터를 수집 · 관리하는 수준이 되고, Level 2가 되면 제조와 관련한 정보를 실시간으로 모니터링하는 수준까지 올라갑니다. 이 단계까지는 데이터를 수집만 할 뿐 분석하는 수준까지 이르지는 못하죠.

Level 3가 되면서부터 비로소 데이터를 '분석'하고, 이를 통해 공장을 실제로 움직이게 됩니다. 낮은 수준에서는 수집만 하다가 수준이 올라갈수록 점차 데이터를 분석하고 활용하는 범위가 늘어나고, 운영에 적용하게 되죠. 그리고 'AI를 활용한 고도화된 스마트 팩토리'라고 하려면 최소한 Level 4의 수준이 되어야 합니다.

AI가 스마트 팩토리에 기여하는 현실적인 역할

그럼 AI는 스마트 팩토리를 만들어 가는 데 있어서 어떤 역할을 할까요? 바로 앞서 챗GPT가 뽑아낸 4가지 활동(예측 유지·보수, 품질관리, 자율로봇, 프로세스 최적화)에 양념 같은 역할을 하게 됩니다. 물론 이 4가지 활동은 AI가 없어도 가능하고, 그 나름의 상당한 효과를 거둘 수도 있습니다. 하지만 AI가 없으면 각 활동의 완성도를 높이기 힘들고, 특히 발생빈도가 낮은 오류나 돌발상황을 예측하기가 매우 어렵습니다. 그만큼 스마트 팩토리로 가는 길이 더 더뎌지겠죠. 그럼 공장에서 AI를 활용하고 스마트화를 지향하면 비용 절감 같은 기대효과를 얻을 수 있을까요? 필자는 이를 위해서는 다음 2가지 측면을 추가로 고려해야 한다고 생각합니다.

① 공정 자체의 혁신

기존 공정을 그대로 둔 상태에서 단지 데이터만 잘 만들어 내고 관리한다고 해서 비용 절감 효과가 생길 가능성은 높지 않습니다. 쓸 수 있는 기술을 활용해서 근본적인 변화를 만들어 가야 합니다. 즉, 단순히 사람이 하는 공정을 자동화하는 수준이 아니라 제품설계부터 이어지는 모든 공정을 자동화와 데이터 관리가 쉬운 형태로 바꿔야 효과를 거둘 수 있습니다.

현재는 자동화율이 30%인데 단계적으로 3년 후에 70%를 만든다는 식으로 공장 자동화율에 집중하는 것도 바람직하지 않습니다. 이런 경우 자동화율은 높일 수 있겠지만, 자동화율이 높아질수록 자동화에 대한 투자 대비 효과가 낮아져서 오히려 경제적 효과가 줄어들거나 비용이 증가하는 결과를 초래할 수 있습니다.

② 제조 전 · 후방 단계와의 연계와 통합

사업활동 측면에서는 제조활동 이전 단계로 '구매'가 있고, 이후 단계로는 '판매'가 있습니다. 또 개발 측면에서는 제조활동 이전 단계로 '상품기획, 설계' 등의 작업이 선행되어야 합니다. 따라서 공장의 제조활동에 대한 데이터를 만들고 관리하는 것은 기본적인 작업이고, 이러한 작업을 통해 뭔가 경제적인 효과를 창출하려면 그 전 · 후방 단계의 작업들과 연계된 판매처, 부품 공급사 등과 데이터를 공유해야 하며, 이를 통해 전반적인 공정효율 개선이 이루어져야 합니다. 나아가 이런 데이터들을 신제품 설계뿐만 아니라 중장기적으로는 공장 최적화를 위한 기반으로 활용해야 합니다.

<LG CNS>
AI 빅 데이터 플랫폼, DAP

AI를 활용한 가장 간단하고 전형적인 효율 개선 사례로는 LG CNS의 'AI 기반의 제품 검사 솔루션'을 들 수 있습니다.

LG CNS는 2017년에 'DAP(Data Analytics & AI Platform)'라는 클라우드 기반의 빅 데이터 분석 플랫폼을 출시했습니다. 플랫폼 이름처럼 주로 데이터 분석에 초점이 맞춰져 있었죠. 이후 LG CNS는 이 플랫폼에 구글 클라우드의 AI 솔루션인 'AutoML(오토 머신 러닝)'을 결합해서 새로운 형태의 업그레이드를 시도했습니다. AutoML은 AI를 자동으로 학습시켜 보다 정교한 AI 모델을 개발해 주는 솔루션으로, LG CNS는 이 솔루션을 이용해 DAP가 분석한 수많은 적합·부적합 제품 데이터를 기반으로 AI를 학습시킴으로써 부적합 제품을 판정하는 새로운 AI 모델을 만들어 낸 것입니다. 그리고 이 AI 모델을 LG 계열사의 LCD/OLED 패널, 화학제품 등을 제조하는 공장의 비전검사에 활용했습니다.

'비전검사'는 장비가 제대로 작동하는지 또는 제조된 제품이 사양에 부합하는지를 직접 눈으로 보면서 결함을 찾아내는 검사방법을 말합니다. 지금은 사람의 눈이 아닌 카메라를 통해 원격으로 결함을 확인하는 형태로 기술이 발전했죠.

병아리 감별사처럼 선천적으로 좋은 눈썰미를 가진 경우가 아니라면 이런 검사에서의 판별능력은 경험이 많아질수록 속도와 정확도가 올라갈 것입니다. 이렇게 경험에 의해 결과가 좋아질 수 있는 분야가 바로 'AI'를 가장 쉽게 적용하고, 높은 성과를 기대할 수 있는 곳이라고 보면 됩니다. LG CNS의 경우에도 충분한 제품 판독 데이터만 확보되면 AI에 의한 판독 효율성이 크게 높아지리라 기대할 수 있었던 것이죠.

실제로 LG CNS에서는 위의 AI 모델을 LG 계열사 제조공장에 적용하여 테스트한 결과 판독시간이 30배 빨라졌고, 판정 난이도가 높은 공정에서도 99.9%의 판독률을 달성했다고 발표했습니다.

<포스코>
AI 용광로

포스코는 AI를 적용한 '스마트 용광로'를 구현하여 용광로에서 나오는 쇳물품질을 상향 평준화시켰습니다. 포스코는 이를 위해 우선 용광로의 각종 데이터를 정형화하여 많은 데이터를 수집했습니다. 여기에는 IoT(사물 인터넷) 센서의 역할이 컸습니다. IoT 센서 덕분에 과거에는 불가능했던 여러 종류의 데이터를 수집할 수 있었기 때문이죠.

포스코는 이렇게 수집한 많은 데이터를 활용하여 다음 그림과 같은 구조의 'AI 용광로'를 구현할 수 있었습니다. 그림처럼 AI 용광로는 수집한 데이터를 활용하여 용광로 상태를 스스로 체크하고, 주요 변수를 기반으로 조업 결과를 미리 예측하여 가장 좋은 품질의 쇳물을 제조할 수 있도록 사전에 자동으로 조업조건을 조정하게끔 되어 있습니다. 결과적으로 포스코는 AI 용광로를 이용해 생산성 5% 향상, 비용 1% 절감이라는 효과를 얻을 수 있었

◎ 포스코의 AI 용광로 작동 예시

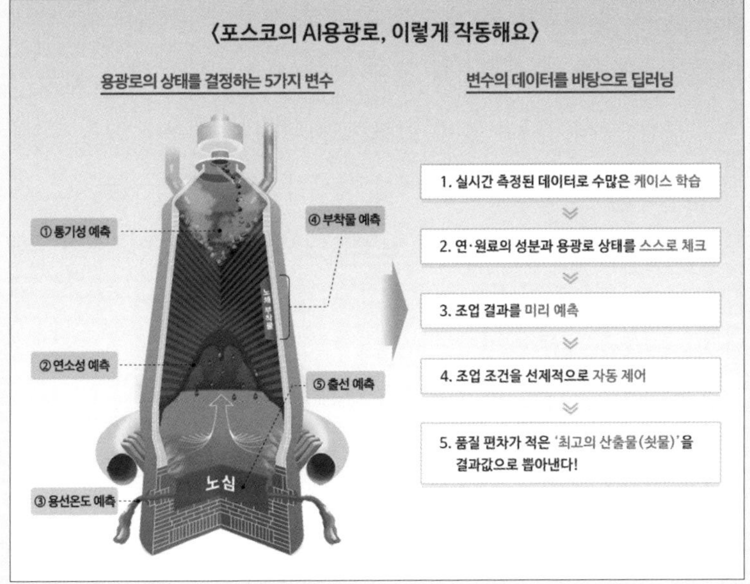

〈출처 : 포스코〉

습니다.

AI 활용의 지속적인 확대

이후에도 포스코는 AI 활용을 확대했습니다. 먼저 AI와 영상인식 기술을 이용해 용광로 쇳물에서 불순물을 제거하는 작업을 전면 자동화했습니다. 또 후판(두께 6mm 이상의 두꺼운 철판)의 품질을 물리적인 힘으로 바로잡는 '후판 강력 교정' 공정에 '후판 강력 교정 자동화 모델 재학습 기술'을 도입했습니다. 이것은 조업 결과를 바탕으로 AI가 스스로 재학습해서 효과적인 지표를 찾는 기술로, 간단히 정리하면 AI가 경험을 통해 후판의 품질을 바로잡는 더 좋은 방법을 지속적으로 찾게 하는 기술을 말합니다. 일종의 '강화학습' 방식이라고 할 수 있죠. 포스코는 이를 통해 교정 후 평탄도 형상 관리지표를 10% 이상 향상할 수 있었고, 설비사고 위험성도 크게 줄어드는 효과를 얻었습니다. 포스코는 이와 같이 AI 도입이 가능한 공정에 단계적으로 AI를 적용함으로써 많은 효과를 얻고 있습니다.

AI는 데이터 양이 같더라도 균일한 데이터를 사용할수록 활용성이 높아지고 그만큼 더 큰 효과를 기대할 수 있습니다. 포스코의 사례처럼 쇳물, 철강제품 등 비교적 단순한 형태의 결과물을 생산하는 기업에서 AI를 적용했을 때 상대적으로 빠른 시간에 가시적인 결과를 얻을 가능성이 높은 것이죠. 따라서 소재산업이나 제한적인 종류의 제품을 생산하는 부품업체에서 공정별로 AI를 활용한다면 제조효율을 높이는 효과를 볼 수 있을 것입니다.

<훼스토(FESTO)> AI를 활용한 유지·보수·품질관리 및 에너지 사용 예측

공압부품기업인 독일의 훼스토(FESTO)는 사업 영역을 확장하여 공장 자동화 솔루션 분야에서 역량을 구축했습니다. 특히 기계의 구성요소 상태를 AI가 실시간으로 모니터링해서 예측을 기반으로 유지·관리할 수 있는 솔루션을 개발하여 자동차기업을 포함한, 대규모 공작기계를 사용하는 기업에 제공하고 있습니다.

'훼스토 AX(Festo AX)'라 불리는, 위와 같은 AI 기반 공장관리 솔루션은 실시간으로 데이터를 분석하고, 솔루션 이용 기업의 기존 시스템에 쉽게 적용할 수 있으며, 운영 소프트웨어의 위치도 클라우드나 서버에 자유롭게 정할 수 있습니다. 또 이 솔루션은 '휴먼-인-루프(Human-in-loop)'라는 기능도 갖추고 있는데, 이는 각 기업에 특화된, 사람이 가지고 있는 전문적인 운영 노하우를 적용할 수 있는 기능을 말합니다.

⚙ 훼스토의 스마트 팩토리 솔루션

〈출처 : https://www.scraitec.com/en/ai-solution〉

훼스토 AX는 주로 기계 등이 정상상태에서 벗어나 이상상태에 있음을 감지하고, 이를 어떻게 조치하면 좋은지에 대한 권장사항을 제공하는 기능을 합니다. 이러한 기능을 통해 솔루션 이용 기업에서는 기계 등의 가동이 예상치 못하게 중지되는 상황을 피할 수 있게 됩니다.

또 에너지 부하를 사전에 계산하여 전력소비에 대한 경고 메시지를 전달함으로써 부하 제한을 초과하기 전에 관련 기계 등의 전원을 끄거나 자체 발전기를 켜는 등의 사전 조치를 할 수 있게 해줍니다.

이 밖에도 이 솔루션이 품질손실의 원인이 되는 공정 매개변수와 제품품질 간의 관계를 분석하여, 그러한 매개변수를 조정함으로써 품질의 일관성을 보장하고 불량품을 줄이는 데 도움을 줄 수 있습니다.

결론적으로 훼스토 AX가 제공하는 핵심적인 가치는 기계 등이 정상상태에서 벗어날 가능성을 사전에 예측하여 알려주고 해결방안을 권고함으로써 고장이나 에너지 사용, 품질문제 등을 줄이는 데 있습니다. 또한 이러한 기능을 각기 다른 기존 시스템을 가지고 있고, 제조방식과 필요한 전문지식이 다른 제조공장에 적용할 수 있다는 것이 이 솔루션의 강점이라고 할 수 있습니다.

<테슬라> 소프트웨어 중심 공장 (SDF, Software Defined Factory)

앞에서 살펴본 사례들은 주로 AI를 이용하여 이미 운영 중인 공장의 공정에서 데이터를 모으고, 그 데이터를 기반으로 운영 측면에서 가장 바람직한 대안을 선택하도록 하는 방식입니다. 즉, 제품검사 정확도를 높이거나, 생산을 위한 가장 바람직한 매개변수(Parameter)를 선택하거나, 위험 예측을 통해 원치 않는 가동 중단이나 과부하를 막음으로써 생산효율을 높이는 방식들이었습니다. 어찌 보면 아직까지는 획기적인 방식의 스마트 팩토리 솔루션이 나왔다고 보기는 어렵습니다. 이에 비해 지금 소개하는 테슬라의 사례는 공장을 보다 근본적으로 변화시킨 스마트 팩토리의 미래 모습이라고 할 수 있습니다.

테슬라의 스마트 팩토리의 가장 큰 차이점은 공장의 기존 생산방식을 그대로 두고 개별 공정의 효율성을 개선하는 방식이 아니라, '기존 생산방식을 고쳐서 공장 전체의 효율성을 높인다'는 데 있습니다. 어떻게 이것이 가능할까요? 가장 큰 핵심은 '디지털 트윈(Digital Twin)'과 'AGV(Automated Guided Vehicle)'에 있습니다.

① 디지털 트윈을 이용한 가상 시뮬레이션

'디지털 트윈(Digital Twin)'은 가상공간에 실제 장비나 설비와 동일한 물체를 만들어서 해당 장비나 설비가 어떻게 움직이고, 가동 중에 어떤 문제가 발생할 수 있는지를 시뮬레이션해 보는 검증기술입니다. 이런 검증을 위해서는 당연히 매우 긴 기간 동안의 실제 장비나 설비의 운영 데이터가 필요합니다. 보다 상세한 데이터가 보다 장기간 축적될수록 해당 데이터를 활용한 예측이 더 정확해지기 때문입니다.

테슬라는 공장 내 각 공정의 운영에 관한 상세한 데이터를 축적하여 공정의 개선이 필요하거나 문제가 발생했을 때 디지털 트윈을 활용하여 사전에 이를 가상공간에서 테스트해봄으로써 가장 좋은 해결방안을 확인하고 있습니다.

그런데 가장 좋은 해결방안을 찾았다고 해서 이를 실제 현장에 적용할 수 있을까요? 대부분은 고양이 목에 방울 달기 꼴이 되고 맙니다. 공정을 재배치하거나 설비를 조정하는 데 훨씬 더 많은 비용이 발생할 가능성이 높기 때문이죠. 뭔가 바꿔서 투자비용 대비 성과가 더 높아지려면 아무리 길게 잡아도 3년 안에는 투자액을 회수해야 하는데 아주 간단한 공정의 개선이거나, 반대로 공장을 근본적으로 변화시킬 정도의 개선이 아니라면 그럴 가능성이 높지 않습니다. 그러다 보니 여러 개선 아이템을 모아서 한 번에 수정하는 방식을 택하거나, 그것도 여의치 않으면 그냥 포기해 버리는 경우가 다반사입니다.

이에 비해 테슬라는 작은 개선기회까지도 바로 현장에서 반영할 수 있습니다. 컨베이어벨트 대신 'AGV'를 사용하기 때문에 가능한 일이었습니다.

② AGV의 특별한 활용방식

무인 운반 시스템을 의미하는 'AGV(Automated Guided Vehicle)'는 이미 많은 공장에서 공정 간 자재 운반 등에 사용하고 있습니다. 공정 간이 아닌 동일 공정 내에서의 자재나 조립 중인 제품의 운반에는 컨베이어벨트를 보다 선호합니다. 테슬라의 차별점은 특별한 AGV를 사용해서가 아니라, 동일 공정 내의 자재나 조립 중인 부품 운반에 컨베이어벨트를 사용하는 것이 생산효율성이 가장 높다는 통상의 관념을 뛰어넘어, 그 대신 AGV를 사용한다는 데 있습니다.

상상해 보면, 공정 간 흐름이 한 눈에 보이고 공정관리도 쉬운 컨베이어벨트 대신 AGV를 사용하면 공장이 더 복잡해 보이고 공정별 관리도 까다로워질 것 같습니다. 이러한 상황을 피해서 공정을 효율적으로 관리하려면 AGV 하나하나가 무엇을 하고 있는지 실시간으로 알아야 하고, 조정도 가능해야 합니다.

테슬라의 AGV는 바로 이러한 요구사항을 구현한 시스템으로, 서로 유기적으로 움직이며 실시간 동작 제어도 가능합니다. 공정에서 이상이 생겨도 해당 공정 내 제품 군(LOT)을 운반하고 있는

AGV만 따로 빼내면 되므로 공정 전체를 멈출 필요가 없습니다. 공정을 바꾸고 싶을 경우에도 AGV의 움직임만 조정하면 됩니다.

테슬라는 AGV 소프트웨어의 업데이트도 무선통신을 이용한 'OTA(Over The Air) 방식'을 통해 실시간으로 할 수 있습니다. 테슬라는 이러한 AGV 덕분에 디지털 트윈을 통해 확인한 시뮬레이션 결과를 현장에서 바로 적용할 수 있습니다.

테슬라는 이와 같은 차별적인 공장 구축을 통해 신기술 적용과 생산규모 확장에 따른 투자비 증가에도 불구하고 원가율을 주요 경쟁사보다 10% 정도 낮은 약 71%까지 낮춤으로써 수익성 측면에서 경쟁력을 확보할 수 있었습니다. 테슬라처럼 공장을 전반적으로 AI 기반의 생산방식으로 전환하려면 기존 생산시설을 당장 폐쇄하거나 설비를 교체해야 하므로 경쟁사들이 따라 하기 쉽지 않습니다. 따라서 이러한 생산방식은 테슬라의 경쟁력 원천으로서 장기간 유지될 것으로 예상됩니다.

2부 AI가 산업에 어떤 도움이 되는지 알아보자

2장

AI가 제조업 프로세스 혁신에 도움이 될까? (with 챗GPT)

이번에는 AI가 팩토리를 넘어 전반적인 제조업의 주요 활동에 어떤 기여를 할 수 있는지 살펴보겠습니다.

제조업 전·후방에서 제조활동에 영향을 미치는 주요 활동은 크게 2가지로 구분해 볼 수 있습니다. 하나는 제조활동 이전 단계로 상품기획과 R&D가 포함된 '제품개발' 영역입니다. 또 하나는 사업활동 영역으로 제조활동 이전 단계인 '구매'와 부품 공급에서 판매 이후의 활동까지 이어지는 공급망 전반을 관리하는 'SCM(Supply Chain Management)' 영역입니다. 여기서는 이 두 영역에서 AI를 어떻게 활용할 수 있는지 보다 구체적으로 알아보겠습니다.

01
제품개발 영역에 AI가 기여할 수 있는 역할

제품개발 ① 상품기획 활용 가능성 ★★ / 기대효과 ★★

제품개발 영역은 크게 상품기획과 R&D로 나눌 수 있습니다. 제품개발에 있어 상품기획은 R&D를 제외한 활동 전반을 의미합니다. 이런 측면에서 챗GPT에게 제품개발 전반을 의미하는 'Product Development'라는 키워드로 해당 영역에서의 AI 활용 범위를 물어보니 다음 쪽 내용과 같은 답을 주었습니다.

해당 내용처럼 AI는 상품화 혹은 개인화 아이디어, 시장반응 예측, 제품의 구체화 단계에서 활용할 수 있습니다. 그럼 AI를 이런 활동들에 활용하려면 어떤 데이터가 필요할까요? 그 힌트 역시 챗GPT의 답변에서 찾을 수 있습니다.

먼저 1~4의 '상품화 아이디어 도출부터 시장반응 예측'까지의 활동에 AI를 활용하려면 소셜 미디어에서의 상품반응 · 기대사

1. 아이디어 생성 : AI는 고객 피드백, 소셜 미디어 게시물 및 시장 동향을 분석하여 성공 가능성이 높은 신제품 아이디어를 제안할 수 있습니다.
2. 개인화 : AI는 개별 고객을 위한 개인화된 제품경험을 만드는 데 도움을 줄 수 있습니다. 구매 행동, 소셜 미디어 상호작용 및 검색기록을 포함한 고객 데이터를 분석하고 그에 따라 제품을 추천할 수 있습니다.
3. 판매 예측 : AI는 신제품에 대한 수요를 예측하고 이전 판매 데이터, 고객 피드백 및 시장 동향을 기반으로 판매량을 예측할 수 있습니다.
4. 예측 분석 : AI를 사용하여 제품이 시장에서 얼마나 잘 작동할지 예측할 수 있습니다. 고객 데이터를 분석하고 패턴과 추세를 식별하며 고객행동과 선호도를 예측할 수 있습니다.
5. 설계 최적화 : AI는 기계학습 알고리듬을 사용하여 여러 설계 옵션을 생성하고 설계결함을 식별하며, 개선을 위한 제안을 제공함으로써 설계자가 제품설계를 작성하는 데 도움을 줄 수 있습니다.

* 다소 질문과 동떨어진 대답으로 생각되는 '품질관리'는 제외했습니다.

항·불만과 고객과의 소통채널을 통해 얻는 고객불만·요구사항 그리고 활용 가능한 외부 시장조사, 분석, 예측치 등 시장과 고객 반응에 대한 데이터가 필요합니다. 물론 이런 데이터들을 이용해 효과적으로 결과를 도출하려면 똑똑한 AI가 있어야겠죠.

5의 '설계 최적화'를 위해서는 여러 설계 옵션에 대한 내부 데이터가 있어야 하고, 과거의 설계결함 사례에 대한 데이터도 축적되어 있어야 합니다.

그런데 위와 같은 데이터 요건을 살펴보면, AI를 활용해 상품 기획 아이디어를 얻으려면 다음 요건에 맞는 상품에 관한 데이터가 있어야 한다는 사실을 짐작할 수 있습니다.

- 다양한 고객 니즈가 존재하는 소비재
- 고객이 관심을 가지고 반응해 주는, 사용자 기호와 연관된 상품
- 비교적 비싼 가격을 치르고 사는 고관여상품

또 AI를 활용하여 의미 있는 결과를 얻으려면 상당히 많은 데이터가 축적되어야 하고, 서로 종류가 다른 데이터를 효과적으로 처리해야 한다는 사실을 짐작할 수 있습니다.

상품기획을 하기 위해서는 내부적인 상품개발 이력과 성과 그리고 고객의 반응 및 타제품 사용 실태와 같은 외부에서 얻은 데이터를 상당히 긴 기간 동안 축적하고 데이터 간 관계와 중요도를 효과적으로 분석해야 합니다. 그렇기 때문에 AI를 활용한다고 하지만 데이터를 분류하고 분석하는 데 사람이 많은 역할을 할 수밖에 없습니다. 그러다 보니 많은 노력을 기울여 결과를 도출하더라도 이 과정을 한 번 더 진행하라고 하면 '이거 들이는 노력 대비 효과가 있는 건가' 하고 고개를 갸우뚱하게 되는 경우가 많습니다. 이런 이유로 AI나 빅 데이터를 활용한 기업의 상품기획 성공 사례가 대부분 1회성에 그치게 됩니다.

이런 측면에서 상품기획에 AI를 활용해 효과를 거둘 수 있는

사업 영역으로는, 고객반응과 여기에 영향을 미칠 만한 변수 등이 비교적 균일하고 데이터를 지속적으로 확보할 수 있는 영화와 같은 콘텐츠사업이나 식품사업 등을 생각해 볼 수 있습니다.

또한 '설계 최적화'에 AI를 활용하려면 제품에 특화한 설계도면과 설계도면이 실제 구현되었을 때의 성능 등에 대한 데이터가 축적되어야 합니다. 특히 상당히 긴 기간에 걸쳐 많은 데이터가 축적되어야 하기 때문에 단기간에 효과를 보기는 어렵습니다. 따라서 설계오류가 발생할 위험이 크고 그에 따른 결과가 치명적인 경우에 한해 제한적으로 중장기적 시각에서 적용해 볼 만한 가치가 있다고 생각됩니다.

제품개발 ② R&D 활용 가능성 ★ / 기대효과 ★

R&D에서의 AI 활용범위에 대해서는 챗GPT가 이런 답을 제시했습니다.

1. 데이터 분석 및 패턴 인식 : AI 알고리듬은 대량의 데이터를 분석하고 사람에게 보이지 않는 패턴을 식별할 수 있습니다. 이는 연구자가 새로운 통찰력을 얻고 추가 조사를 위한 가설을 개발하는 데 도움이 될 수 있습니다.

2. **자동화** : AI는 데이터 수집, 처리 및 분석과 같은 R&D의 많은 일상적인 작업을 자동화할 수 있습니다. 이를 통해 연구원은 시간을 확보하고 더 복잡하고 창의적인 작업에 집중할 수 있습니다.
3. **예측 및 최적화** : AI를 사용하여 연구원이 결과를 예측하고 실험을 최적화하는 데 도움이 되는 예측모델을 구축할 수 있습니다. 이를 통해 R&D 프로세스를 가속화하고 비용을 절감할 수 있습니다.
4. **가상 시뮬레이션 및 모델링** : AI를 사용하여 가설을 테스트하고 결과를 예측하는 데 사용할 수 있는 가상 시뮬레이션 및 모델을 만들 수 있습니다. 이는 실제 실험을 수행하는 것이 어렵거나 비용이 많이 드는 약물 발견 및 재료과학과 같은 분야에서 특히 유용할 수 있습니다.
5. **자연어 처리** : AI를 사용하여 대량의 과학문헌을 분석 및 해석할 수 있으므로 연구자가 최신 연구 결과를 보다 쉽게 최신 상태로 유지하고 추가 조사가 필요한 영역을 식별할 수 있습니다.

전반적으로 AI는 발견 속도를 가속화하고 정확성을 개선하며 비용을 절감하여 R&D 프로세스를 혁신할 수 있는 잠재력을 가지고 있습니다.

1~2의 '데이터 분석 및 패턴 인식'과 '자동화'는 AI를 R&D 활동에 활용했을 때 일반적으로 기대할 수 있는 효과입니다. 3~4의 '예측 및 최적화'와 '가상 시뮬레이션 및 모델링'은 R&D의 성격에 따라 적용할 수 있는 AI 활용 영역이라고 할 수 있습니다. 5의 '자연어 처리'는 개별 기업이 아니라 구글(Google)이나 필자가 활용하고 있는 챗GPT가 할 일이라고 볼 수 있습니다.

결론적으로 R&D 영역에서는 개별 연구의 특성에 따라 AI의 활용 여부를 결정해야 하고, 그에 따라 어느 정도 효과를 볼 수는 있을 것입니다. 하지만 일반적으로는 기업 입장에서 R&D 활동에 AI를 활용해서 특별히 효과를 볼 만한 것이 눈에 띄지 않습니다. 그래서 챗GPT마저도 '잠재력을 가지고 있다'라고 평가하지 않았나 싶습니다.

그래도 AI 활용이 도움될 만한 R&D 영역을 찾아본다면 제약업체에서의 신약개발 정도를 들 수 있습니다. 신약개발은 엄청난 연구개발비를 들여 긴 시간 동안 임상 1~3상까지 수행하면서도 실패확률이 높은 작업입니다. 이 과정에서 활용하고 분석해야 할 데이터가 많은 데다 개별 연구팀 간의 데이터 공유도 원활히 이루어지지 않는 경우가 많습니다. 바로 AI가 힘을 발휘할 수 있는 영역인 셈이죠. 또 신약개발에는 비교적 균질한 내부 연구 데이터가 주로 활용되기 때문에 AI를 이용해 데이터 처리의 정확성도 기대할 수 있습니다. 이를 통해 실패위험을 줄임으로써 상당히 많은 비용을 절감할 수 있는 것이죠.

<인실리코 메디슨>
신약개발 AI 플랫폼, PHARMA.AI

홍콩의 바이오기업 인실리코 메디슨(Insilico Medicine)은 2019년에 유명 학술지 <네이처 생명공학>을 통해 'AI 플랫폼을 이용해 46일만에 섬유증 치료제 후보물질을 도출했다'고 발표했습니다. 그리고 3년 후인 2022년에는 드디어 임상시험에 들어간다고 하면서, 이 약물이 'AI가 발견하고 설계해 임상단계에 진입한 최초의 약물'이라고 발표했습니다. 그런데 이 말은 곧 아직까지 AI를 활용해서 '사용허가'를 받은 약물은 없다는 사실을 의미하기도 합니다. 그럼 얼마나 더 기다려야 AI를 활용해 개발한 약물을 사용할 수 있을까요?

다음 그림처럼 신약개발 과정은 복잡하고 지난합니다. 기초/탐색연구에서 승인까지 약 15년이 걸리는 데다, 그런다고 다 성공하지도 못하죠. 실제로 임상시험 신청을 한 50개의 약물 중 임상 1~3상을 통과해서 최종 승인되는 약물은 1개에 불과합니다. 따라

⚙ 일반적인 신약개발 R&D 과정

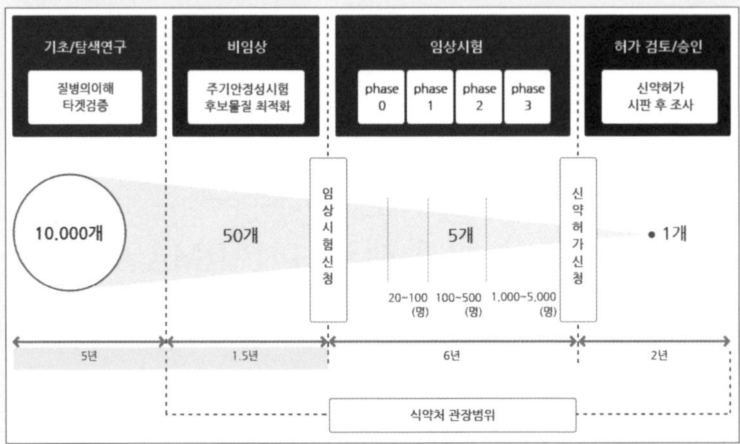

〈출처 : 식품의약품안전처〉의약품안전나라〉의약품 개발 및 허가 과정, https://nedrug.mfds.go.kr/cntnts/4〉

서 인실리코 메디슨이 임상시험을 시작한 약물이 최종 사용 승인될 확률은 약 2%라고 볼 수 있죠. 이러한 현실적 한계 속에서 신약개발에 AI를 활용하면 뭐가 도움이 될까요?

신약개발 기간을 4년 이상 단축하다

다음 그림과 같은 인실리코 메디슨의 AI를 활용한 신약개발 플랫폼의 구조를 보면 그 답을 알 수 있습니다. 그림처럼 이 플랫폼은 '관련 데이터 입력(Input)'으로 시작해서 '환자에 대한 임상시험(Human Clinical Studies)' 단계로 끝납니다. 즉, AI는 위의 그림과 같은 일반적인 신약개발 과정에서 '기초/탐색연구'와 '비임상' 단계

⚙ 인실리코 메디슨의 AI 신약개발 플랫폼

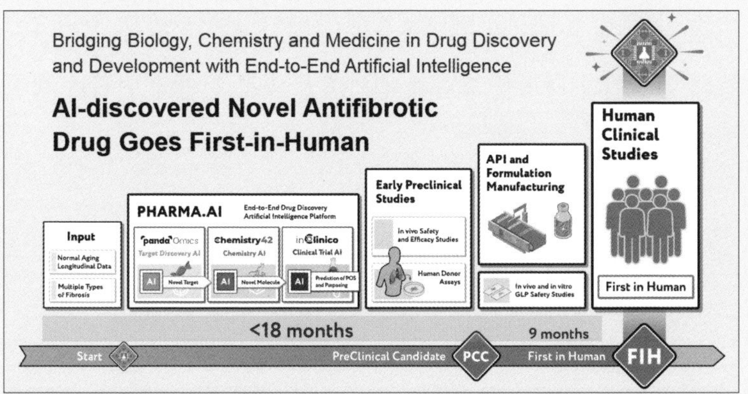

〈출처 : https://insilico.com/blog/fih〉

에 활용된다고 볼 수 있습니다. 시간으로 따지면 6.5년의 기간입니다. 같은 단계에서 인실리코 메디슨이 제시한 기간을 보면, 이 기간을 27개월 미만으로 단축할 수 있습니다.

결과적으로 이 플랫폼을 통해 전체 신약개발 기간을 15년에서 11년 미만으로 크게 단축할 수 있고, 사람이 5년 간 할 일을 AI가 18개월 미만에 해 준다면 비용도 큰 폭으로 줄일 수 있습니다. 이것이 제약업계에서 AI 활용을 적극적으로 준비하고 투자하는 이유라고 할 수 있습니다. 물론 의료계 외부의 사람이라면 그래 봐야 10년 이상 걸리고 성공확률이 낮기는 매한가지 아니냐고 할 수도 있겠죠.

결론적으로 환자 입장에서 AI를 활용한 신약개발 혜택을 보기까지는 앞으로도 많은 시간이 필요해 보입니다. 다만 임상 데이터가 AI 플랫폼에서 수집·분석되어 약물 후보물질만 찾는 수준을 넘어 실제 임상에서의 부작용을 예측하고 성공확률을 높인다면 전체 임상기간 단축을 포함해 신약개발 과정 전반에 변화가 생길 것입니다.

〈참고 : 〈동아 사이언스〉, 2022.9.26〉

02
구매와 공급망관리(SCM) 영역에 AI가 기여할 수 있는 역할

구매 활용 가능성 ★★ / 기대효과 ★★★

구매는 실제 제조 혹은 사업활동과 관련된 경영활동의 출발점이라고 할 수 있습니다. 챗GPT는 AI가 구매활동에 다음과 같은 도움을 줄 수 있다고 답합니다.

1. **지출 분석** : AI 알고리듬은 조달 데이터를 분석해서 지출의 패턴과 추세를 식별하여 조직이 조달 전략을 최적화하고 비용을 절감하도록 돕습니다.
2. **공급업체 선택** : AI는 성능지표, 인증 및 재무 안정성과 같은 공급업체 데이터를 분석하여 공급업체 선택 프로세스를 자동화하는 데 도움을 줄 수 있습니다. 이는 객관적인 기준에 따라 최고

의 공급업체를 식별하는 데 도움이 될 수 있습니다.

3. **계약관리** : AI는 계약검토, 규정 준수 모니터링 및 갱신 추적과 같은 작업을 자동화하여 조달 계약을 관리하는 데 사용할 수 있습니다. 이는 오류를 줄이고 계약성과를 개선하는 데 도움이 될 수 있습니다.
4. **예측 분석** : AI를 사용하여 수요를 예측하고 잠재적인 공급망 중단을 식별하고 재고수준을 최적화할 수 있는 예측 모델을 구축할 수 있습니다. 이는 낭비를 줄이고 공급망 효율성을 개선하는 데 도움이 될 수 있습니다.
5. **자연어 처리** : AI는 구매 요청 및 공급업체 문의와 같은 이해관계자의 자연어 요청을 분석하고 해석하여 조달 프로세스를 자동화하는 데 사용할 수 있습니다.

전반적으로 AI는 조직이 조달 프로세스를 간소화하고 비용을 절감하며 공급업체 성과를 개선하는 데 도움이 될 수 있습니다.

제품의 구매절차가 복잡하고 기업에서 여러 종류의 부품을 구매하는 경우 AI를 1~3의 '지출 분석, 공급업체 선택, 계약관리' 등 전반적인 공급업체 관리에 활용할 수 있습니다. 4에 제시된 'AI를 활용한 예측 분석 모델'은 이 다음에 설명할 SCM의 일부 기능으로 추가할 수 있습니다. 5에 제시된 'AI를 활용한 자연어 분석'은 고객관리의 일부로서, 자사에 제품을 공급하는 업체의 불만 및 건의사항을 관리하는 기능으로 활용할 수 있습니다.

그리고 위의 답변에는 없지만, 구매대상이 광물이나 원면 등 별도의 구매시장이 형성되어 있는 원자재인 경우에는 구매하려는 원자재의 가격추이 등 전반적인 시장정보 데이터를 기반으로 AI가 적정 구매시점 및 구매처를 추천하도록 할 수 있습니다.

구매는 마케팅이나 제조에 비해 상대적으로 AI의 역할이 주목받는 영역은 아닙니다. 그래서 챗GPT의 답변도 그리 특별하거나 새로울 게 없어 보입니다. 모든 경영활동에 적용되는 답변 정도로 볼 수 있죠. 하지만 필자의 생각으로는 구매활동은 내부 데이터가 비교적 풍부하고 데이터의 균질성이 높아 데이터 처리를 통한 의미 있는 비용 절감 효과를 기대할 수 있는 영역으로 보입니다. 따라서 다양한 부품이나 원재료를 빈번하게 구매하거나, 글로벌 구매시장이 형성되어 있는 원자재를 구매하는 기업이라면 AI를 활용한 구매 시스템의 업그레이드를 충분히 고려할 만하다고 생각됩니다.

공급망관리(SCM) 활용 가능성 ★★★ / 기대효과 ★★★

앞에서 AI를 활용한 스마트 팩토리의 추진이 효과를 발휘하려면 제조활동 전·후방 프로세스인 구매 및 판매활동에 대한 데이터를 포함해야 하고, 나아가 협력업체와의 데이터 공유와 연계가 필요하다고 했습니다. 이를 위해서는 AI를 SCM(공급망관리) 전반에 걸쳐 데이터를 수집·분석하는 데 활용해야 합니다.

그런데 다음 챗GPT가 정리한 SCM에서의 AI의 활용효과를 세

1. 수요 예측 : AI는 과거 판매 데이터를 분석하고 패턴과 추세를 식별하여 수요를 정확하게 예측하는 데 사용할 수 있습니다. 그런 다음 이 정보를 사용하여 재고수준을 최적화하고 낭비를 줄일 수 있습니다.
2. 재고 최적화 : AI를 사용하여 수요를 예측하고 재고수준을 분석하여 재고수준을 최적화할 수 있습니다. 이는 재고 운반 비용을 줄이고 품절을 방지하는 데 도움이 됩니다.
3. 경로 최적화 : AI는 교통 데이터를 분석하고 가장 효율적인 배송경로를 식별하여 물류경로를 최적화하는 데 사용할 수 있습니다. 이를 통해 운송비용을 줄이고 배송시간을 단축할 수 있습니다.
4. 품질관리 : AI를 사용하여 제품품질을 모니터링하고 결함을 실시간으로 감지하여 낭비를 줄이고 전반적인 제품품질을 개선할 수 있습니다.
5. 공급업체 관리 : AI를 사용하여 공급업체 성과를 모니터링하고 공급망의 잠재적 위험을 식별할 수 있습니다. 이를 통해 공급업체 관련 위험을 줄이고 상품을 적시에 배송할 수 있습니다.
6. 예측 유지 · 보수 : AI를 사용하여 공급망의 기계 및 장비에 대한 유지·보수가 필요한 시기를 예측할 수 있습니다. 이는 가동중지 시간을 줄이고 기계수명을 늘리는 데 도움이 됩니다.

전반적으로 AI는 공급망관리자가 데이터 기반 의사결정을 내리고 프로세스를 최적화하며 공급망 성능을 개선하는 데 도움이 될 수 있습니다.

부적으로 살펴보면 일부 답변의 형태가 다른 경우가 있습니다. 대부분의 답변이 '할 수 있습니다'라고 끝나는 반면 '2. 재고 최적화'

와 '6. 예측 유지 · 보수'에 대한 답변은 '도움이 됩니다'라고 끝나고 있습니다. 별거 아닌 것 같지만, 해당 영역의 경우 이미 현장에서 상당한 효과를 얻고 있음을 간접적으로 알려 주고 있다고 볼 수 있습니다.

챗GPT의 답변처럼 수요 예측, 재고관리 등 SCM 자체가 데이터를 기반으로 전반적인 생산과 영업활동의 최적화를 지향하기 때문에 AI를 유용하게 활용함으로써 상당한 효과를 기대할 수 있습니다.

우선 '1. 수요 예측'부터 살펴보겠습니다. 수요 예측을 위해서는 과거부터 최근까지의 수요 변화 트렌드, 유통채널에서의 판매량, 계절적 영향, 프로모션 여부 등 내 · 외부 요인들이 종합적으로 고려되어야 합니다. 이렇듯 수요 예측을 제대로 하려면 워낙 고려해야 할 변수가 많기 때문에 역설적으로 사람의 감으로 중요한 변수만 고려하는 경우가 많습니다. 따라서 AI가 고도화되고 활용 가능한 데이터가 늘어날수록 이 영역에서 AI 활용에 따른 변화가 크게 일어날 수 있습니다.

현재 기업들의 '수요 예측 정확도'가 얼마나 될까요? 70~80%는 되어야 수요 예측의 의미가 있을 것 같지만 현실에서는 50%에도 이르지 못하는 경우가 부지기수입니다. 필자의 경험으로 보면 대체로 30~50% 수준입니다. 그러다 보니 기업에서도 SCM 개선의 핵심 과제를 수요 예측 정확도 향상에 두는 경우가 많습니다. 결론적으로 수요 예측은 AI 활용에 따른 변화 가능성이 크고, 이로 인해 기업이 얻을 수 있는 효익도 큰 영역이라고 할 수 있습니다.

'2. 재고 최적화'와 '6. 예측 유지 · 보수'는 상대적으로 사용되는 데이터 양이 적고 내부 데이터 비중이 높기 때문에 AI의 도입 및 활용이 용이하고 단시간에 효과를 거둘 수 있는 영역이라고 할 수 있습니다. 따라서 SCM에 AI를 도입한다면 이 두 영역에 우선순위를 두고 도입 여부를 검토하는 것이 바람직해 보입니다.

'4. 품질관리'와 '5. 공급업체 관리'는 '관리'라는 용어에서 짐작되듯이 비지도학습의 일부인 '이상 탐지' 기능을 가장 많이 사용하는 영역입니다. 따라서 기업 운영상 이상 탐지가 중요하고, 여기에 AI를 도입했을 때 투입 대비 효과가 있다고 생각되면 서둘러 도입하는 것이 바람직합니다. 예를 들어 현재 여러 사람이 품질 모니터링을 하고 있는데 사람의 능력으로는 모니터링을 정확히 수행하기 어려운 상황이라면 AI 도입을 통해 투입 인력도 줄이고 정확도도 높이는 효과를 얻을 수 있을 것입니다. 다만 이미 모니터링 기기를 활용해 높은 정확도를 달성하고 있다면 굳이 AI를 도입할 필요는 없겠죠.

지금까지 제조와 관련해 AI를 활용할 수 있는 영역을 살펴봤습니다. AI는 4차 산업혁명을 일으키는 데 있어서 핵심적인 역할을 할 것입니다. 그리고 그로 인한 변화는 1~3차 산업혁명과 마찬가지로 제조업 분야에서 가장 크게 일어날 것입니다. 그렇지만 지금까지의 상황을 보면, AI 활용을 활발히 시도하고 있는 일부 업체를 제외하고는 전반적으로 제조업에서의 AI 활용수준이 기대에 못 미쳐 보입니다. 이런 분위기상 몇 년 안에 AI로 인한 제조업 분야에서의 획기적인 변화를 기대하기는 힘들지만, 어느 정도 시간이 지나면 산업현장에서 컴퓨터를 활용하듯 AI를 자연스럽게 활용하는 시기가 올 것입니다.

그렇다면 현재 산업현장에서 AI 도입과 4차 산업혁명을 늦추게 하는 가장 큰 제약요인은 무엇일까요? 필자는 '데이터'라고 생각합니다. 지금까지 다양한 종류의 데이터를 축적하고 체계적으로 관리하지 않았으니 여기에 많은 시간과 비용이 들어갈 것이고, 이로 인해 결과적으로 AI 기반의 스마트 팩토리를 구축하는 데 있어서 투입 대비 효과(ROI)가 낮아질 수밖에 없기 때문에 결국 AI 도입을 망설이게 되는 것이죠. 또 지금은 데이터 수집 · 축적 · 분석에 드는 비용이 줄어서 충분한 ROI를 달성할 수 있음에도 불구하고 아직 확신할 만한 성공사례가 없어서 선뜻 도입을 결정하지 못하는 경우도 있을 것입니다.

그렇지만 앞서 설명했듯이 AI는 제조공정뿐 아니라 공급망관리 등 제조 전 · 후방 프로세스에서의 활용 가능성이 매우 높습니다. 따라서 기업 입장에서 AI를 미래 언젠가 도입할 대상 정도로 막연히 생각하기보다는, 당장 도입하지 않더라도 투입 대비 효과를 적극적으로 알아보는 것이 바람직합니다. 필자는 그것이 기업이 AI를 통해 생산성을 향상하고 시장을 선도할 기회를 잡는 길이라고 생각합니다.

Column

4차 산업혁명이 일어나기는 하는 걸까?

2015년에 '4차 산업혁명'이라는 말이 처음 나온 이후 이미 많은 시간이 지났습니다. 그렇지만 이후 뭐가 달라졌냐고 하면 딱히 떠오르는 게 없을 것입니다. 컴퓨터를 사용한 지는 이미 반세기가 지나가고 있고, 로봇을 제조업 분야에 사용한 지도 꽤 시간이 지났습니다. 바이오산업이 꾸준히 성장하고 있고, 아마존이나 테슬라 등 혁신적 기업이 급격히 성장하기도 했습니다. 하지만 지금의 산업수준이 '산업혁명'이라는 용어를 쓸 만한지에 대해서는 자신있게 말하기가 애매합니다. 그렇게 말하기에는 산업 전반적으로 생산성이 좋아졌다는 증거가 별로 없기 때문이죠.

클라우스 슈밥은 4차 산업혁명이라는 용어를 최초로 제안하면서 IoT, AI를 비롯한 여러 IT 기술 그리고 당시 화두였던 3D 프린팅 기술, 그래핀 소재 등을 언급했습니다. 이후 실제로 IoT, AI 등의 IT 기술의 사용이 확대되기도 했죠. 그렇지만 그런 기술들이 산업의 주요 인프라 중 하나로 정착해 왔을 뿐, 아직까지 산업혁명이라는 용어를 사용할 정도로 생산성이나 산업구조를 변화시키지는 못했습니다. 꾸준히 기술의 변화가 일어나기는 했지만 그 속도나 효과를 고려할 때 '혁명'이라고 보기에는 부족함이 있습니다.

3D 프린팅 기술의 경우 복잡한 구조의 부품이나 고객요구에 따라 제품의 구조를 변형할 때 유용하게 사용되고 있기는 합니다. 하지만 일반적으로 기존의 대량 생산방식에 비해 생산성이 현저하게 떨어질 뿐 아니라 이 기술을 사용할 만한 영역도 극히 제한적입니다. 따라서 현재의 기술 발전상황을 고려하면 이 기술이 산업 전반에 기여할 만한 수준이 되려면 10년 정도는 더 걸릴 것으로 보입니다.

1990년대 말부터 구글이나 애플 등 기존과는 완전히 다르고 새로운 비즈니스 모델을 기반으로 한 기업들이 성장했고, 테슬라가 등장해서 오랜 기간 다수 업체 간 협력을 기반으로 탄탄히 구축되어 왔던 자동차산업을 순식간에 흔들어 버리기도 했습니다. 하지만 이들의 등장은 4차 산업혁명의 일부라기보다는 IT 기술의 변화로 일어난 3차 산업혁명의 절정기에 나타난 현상으로 보는 시각이 더 적합해 보입니다.

그럼 4차 산업혁명은 언제 오는 걸까요? 오기는 할까요? 필자 역시 4차 산업혁명을 만들어 낼 핵심적인 기술이 'AI'와 '로봇' 기술일 것이라는 점에는 동의합니다. 그리고 IoT를 활용하여 기계로부터 습득하는 데이터의 증가와 상호 공유, 5G · 6G로 대표되는

통신 네트워크의 발전은 4차 산업혁명의 밑거름 역할을 할 것입니다. 하지만 이러한 기술의 변화가 저임금 기반의 제품 생산, 선제조 후 판매 등 현재까지 통용되고 있는 제조업 패러다임을 깰 정도로 영향을 미쳐야 4차 산업혁명 시대가 도래한다고 볼 수 있습니다. AI에 기반한 로봇의 발전으로 저임금 국가로 생산거점을 이동할 필요가 없어지고, 점차 다양해지는 사용자 기호에 부합하는 제품을 맞춤형으로 신속하게 제공하지 않으면 살아남을 수 없는 상황이 되어야 비로소 제조업에 혁명적인 변화가 일어날 것입니다.

그렇지만 아직은 그런 시대가 도래했다고 보이지는 않습니다. 다만 테슬라가 인건비가 비싼 미국에서 제조를 하고도 원가 경쟁력 측면에서 우위를 시현하고, 아디다스 등 소비재업체에서 사용자 기호를 신속 반영하여 맞춤형 생산을 시도하고 있다는 점에서 4차 산업혁명 시대의 입구에는 와 있다고 할 수 있습니다.

정보공유, 4차 산업혁명의 출발점

그럼 4차 산업혁명 시대로 넘어가기 위해서는 어떤 준비를 해야 할까요? 위에서 언급한 'IoT를 활용해서 습득하는 데이터의 증가와 상호공유'가 그 출발점이 될 수 있습니다.

알다시피 대부분의 산업은 원재료 구매부터 유통망을 통해 제품이 소비자에게 제공되기까지 소위 '가치사슬(Value Chain)'로 연결되어 있습니다.

식품산업을 예로 들어 볼까요? 원재료는 농산물이나 수산물일 가능성이 높습니다. 제당이나 제분처럼 원재료 가공업체의 손을 거쳐야 하는 경우도 있겠죠. 이런 원재료로 식품을 만들면 대체로 콜드 체인(Cold Chain)이라고 불리는 식품 물류업체의 손을 거쳐, 유통판매점을 통해 소비자에게 전달됩니다. 이런 '연결성'으로 인해 식품제조업체가 공장의 제조 과정 자체를 효율화하거나 필요에 따라 자동화하더라도, 이것만으로는 원가 절감이나 효과적인 고객대응을 하는 데 한계가 있습니다.

예를 들어 소비자들이 어떤 제품을 많이 사고, 제품을 어떻게 평가하는지를 식품제조업체가 바로 확인할 수 없다면 어떻게 될까요? 제품이 인기가 좋으면 재고가 모자라고, 반대로 인기가 없으면 재고가 쌓이겠죠. 인기가 좋다고 해도 무조건 생산을 늘릴 수도 없습니다. 엄청난 기술적 진입장벽이 없는 영역이다 보니 여러 업체들이 경쟁적으로 시장에 뛰어들 가능성이 높기 때문이죠. 과거에 보리 음료나 쌀 음료가 큰 인기를 끌었을 때 여러 업체가 경쟁적으로 유사제품을 만들었던 일을 기억할 것입니다. 이처럼 제품이 초기에 인기가 높다고 해서 설비투자를 했다면 결국 과잉생산으로 늘어난 고정비를 감당하지 못하고 손실을 봤을 것입니다. 일부 식품의 경우 유행을 타는 경우도 많습니다. 한때는 없어서 못 팔던 제품이 2~3년 뒤에는 시들해지는 경우가 흔하게 일어나죠.

만약 이런 경우에 산업 내 가치사슬로 연결된 업체 간에 데이터를 공유하고, 이를 기반으로 AI를 이용하면 어떻게 될까요? 이러면 유통채널에서 경쟁자의 등장에 따른 판매량 변동도 예측할 수 있고, 이에 대응하기 위한 적정 생산량을 식품제조업체 측에 제안할 수도 있을 것입니다. 또한 소비자 트렌드 변화를 초기에 감지해서 경영진에게 시장이 성숙했으니 대비해야 한다는 경고도 전달할 수 있습니다. 데이터가 실시간으로 공유되고 분석되기 때문에 데이터를 모아 분석해서 최고경영자에게 보고하느라 몇 달이 걸리는 일도 없게 되겠죠.

결론적으로 트렌드에 영향을 받는 산업에서 기업의 수익성이나 장기적인 사업 안정성을 유지하는 데 있어서는 제조공정 업그레이드도 중요하지만, 가치사슬 내에서 상호 정보공유를 통해 시장 트렌드를 조기에 읽고 대응하는 것이 더욱 중요합니다.

기업 간 정보공유를 활성화하려면?

이번에는 다른 관점에서 정보공유에 대해 살펴보겠습니다. 통상적으로 경쟁기업과는 정보를 잘 공유하지 않습니다. 기업에서 대외비로 구분하는 정보들은 대개 경쟁력의 척도가 되는 지표 혹은 기술적인 노하우 등 경쟁사가 알면 자사의 시장 내 입지 약화를 가져올 수 있는 것들입니다. 그러니 비밀로 하는 것이 당연하다고 할 수 있겠죠.

그렇지만 동일업종 기업 간에 상호 정보를 공유하면 획기적인 효율성 개선이나, 산업 전반의 고도화를 이루어 낼 수 있습니다. 예를 들어 업계 전반적으로 새로운 재료를 가공하기 위한 적절한 조건을 찾는 데 어려움을 겪고 있을 때 업체 간의 테스트 결과를 공유하면 큰 도움이 될 것입니다. 자사가 10번, 다른 9개 업체가 10번 테스트한 결과를 더하면 결과적으로 100번의 테스트 결과를 얻게 됩니다. 이 결과를 기반으로 가공조건의 최적치를 산출할 수 있고, 그러한 조건을 개발하는 시간을 1/10로 줄일 수 있게 됩니다. 특히 산업 초창기에 각 기업이 가진 경험과 데이터가 제한적인 경우에는 상호 데이터 공유의 효과가 더욱 커질 수 있습니다.

문제는 '게임이론의 딜레마'가 적용된다는 데 있습니다. 항상 다 차린 밥상에 숟가락만 얹으려는 무임 승차자가 생기기 마련이죠. 그래서 위와 같은 협력을 이루기도 어려울 뿐 아니라, 결과가 성공적이라도 분쟁이 생기기 쉽습니다. 그러면 이 문제를 어떻게 해결할 수 있을까요?

믿을 만한 '중재자'가 있어야 합니다. 이러한 중재자 역할은 정부, 협회 혹은 업계에서 절대 비중을 차지하는 기업이 담당할 수 있습니다. 판매자와 구매자를 연결해 주는 오픈 마켓 형태의 이커머스가 활성화된 여러 이유 중 하나가 바로 이커머스업체가 온라인 거래의 신뢰성을 확보해 주는, 믿을 만한 중재자 역할을 했기 때문입니다.

그럼 서로 다른 산업 간에 데이터 공유도 가능할까요? 또 그것이 참여 기업들에게 도움이 될 수 있을까요? 필자는 B2B보다는 B2C에서의 사용자 경험을 통합한다면 상호 도움이 될 수 있을 것이라고 생각합니다. 예를 하나 들어 보겠습니다. 넷플릭스와 골프 연습장이 서로 경쟁자일까요? 서로 다른 사업 영역으로 전혀 관계가 없어 보이지만 실제로는 경쟁자로 볼 수 있습니다. 예를 들어 주말 아침에 일어난 소비자가 골프 연습장에 갈지, 그대로 누워서 넷플릭스를 볼지를 고민할 수 있습니다. 동일한 소비자의 시간을 두고 골프 연습장과 넷플릭스가 서로 경쟁하는 대체재가 되는 셈이죠. 이 경우 사용자의 활동정보가 축적된 개인 비서 플랫폼이 있다면 소비자의 생활 패턴이나 예정된 골프약속 등을 고려하여 넷플릭스와 골프 연습장을 타이밍에 맞춰 추천할 수도 있습니다. 이럴 경우 서로 다른 산업의 기업 간에 사용자 성향과 생활 패턴에 대한 데이터를 공유함으로써 상생하는 사례가 될 수 있겠죠.

이와 같이 사용자에 대한 포괄적인 데이터를 수집하면 이것을 여러 산업에서 이용하도록 할 수 있습니다. 그렇지만 사용자 입장에서는 자신의 생활 데이터를 수집하는 데 대해 거부감이 클 뿐 아니라, 기업이 원하는 만큼의 데이터를 얻기도 쉽지 않습니다.

따라서 기업이 원하는 만큼의 충분한 데이터를 얻기 위해서는 상대적으로 사용자 데이터를 쉽게 얻을 수 있는 온라인 플랫폼 사업자와의 협력이 필요합니다. 또 이렇게 수집한, 개인정보를 포함한 데이터를 활용하는 데 대해서는 정부기관의 적절한 개입도 필요합니다. 이런 경우 플랫폼 사용자 개인의 일상생활 정보가 노출

될 수 있기 때문에 보안이 매우 중요한 이슈가 되기 때문이죠. 이와 관련해서는 현재 구글, 애플, 마이크로소프트가 다른 서비스의 비밀번호까지 저장할 정도로 사용자의 활동과 관련한 정보를 적극적으로 수집하고 있습니다. 향후 이들 기업은 그러한 데이터들을 기업들에게 보다 체계적으로 제공할 것으로 예상됩니다. 따라서 기업들은 이러한 상황에 적극적으로 대응하여 그러한 데이터들을 자사의 제품 또는 서비스 사용과 관련한 데이터와 연결하고, 이를 기반으로 경쟁우위를 확보할 필요가 있습니다.

데이터 공유의 장(場) '데이터 스페이스'의 등장

앞서 데이터 공유가 4차 산업혁명으로 가는 출발점이라고 했는데, 이것만으로는 충분치 않습니다. 다음 단계인 '데이터 표준화'가 필요합니다. 비정형 데이터를 실시간으로 가공·분석하는 데는 AI의 활용성이 높다고 할 수 있습니다. 하지만 앞선 사례들을 보면 '목적에 부합하는 데이터'를 사용했을 때 AI 활용에 따른 기대효과를 보다 효과적으로 얻을 수 있음을 알 수 있습니다. 따라서 여러 기관이나 기업이 서로 데이터를 공유할 때는 어떤 종류의 데이터를 주고받을지 미리 정해 놓아야 불필요한 노력을 줄이고, 데이터의 효용성을 높일 수 있습니다.

예를 들어 10가지 데이터 항목 간의 상관관계를 알아보기 위해 100개의 데이터 묶음을 받았는데, 그 중 10가지 항목이 모두 채

워진 묶음이 10개에 불과하다면 데이터 활용의 효용성은 급격히 떨어질 수밖에 없습니다. 따라서 데이터를 공유하겠다는 원칙을 정했다면 반드시 사전에 데이터를 표준화할 필요가 있습니다. 이렇게 '표준화된 데이터의 공유'가 활성화되면 비로소 AI를 기반으로 한 4차 산업혁명의 장(場)이 마련될 수 있습니다.

이와 같은 시도를 하는 대표적 사례가 유럽을 중심으로 추진되고 있는 '데이터 스페이스(Data Space)'입니다. 데이터 스페이스란 '데이터를 편리하게 공유할 수 있도록 데이터를 합의된 방식으로 표준화하고 관리하는 개방형 인프라'라고 할 수 있습니다. 유럽에서는 EU집행위원회가 주축이 되어 주요 산업 분야에 걸쳐 공통 데이터 스페이스 구축을 추진하고 있는데, 이를 '가이아-X(GAIA-X)'라고 부릅니다.

가이아-X의 가장 큰 특징은 다음 그림에 나오는 '주권 데이터'와 '연합 서비스'라는 용어에서 찾을 수 있습니다. 즉, 자기가 가진 데이터의 '주권'은 유지한 상태에서 해당 데이터를 다른 사람들과 공유하면, 그것이 '연합'해서 보다 가치 있는 서비스를 제공한다는 것입니다. 데이터 통제의 주체가 특정 대형 기업이나 운영기관이 아니라는 측면이 아마존 등의 대기업이나 특정 기관에서 제공하는 클라우드 서비스와의 차이라고 할 수 있습니다.

가이아-X는 일종의 '포괄적인 데이터 공유 가이드라인'이라고 할 수 있으며, 이러한 가이드라인을 기반으로 산업별 데이터 스페

⚙ 가이아-X(GAIA-X)의 생태계

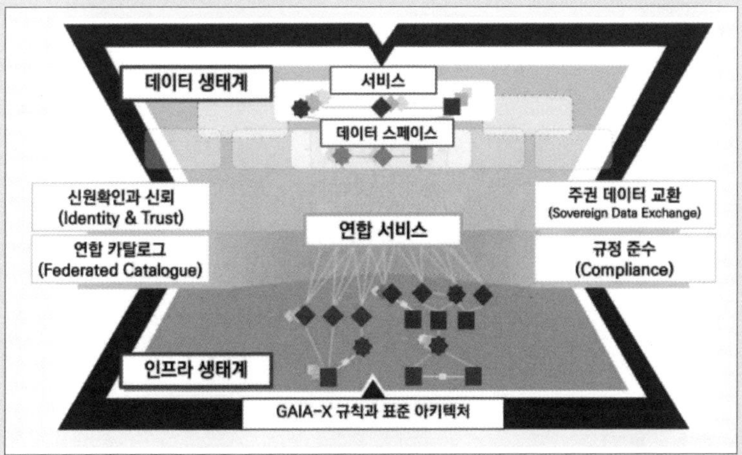

〈출처 : 한국지능정보사회진흥원, 〈유럽 데이터 인프라, 데이터 스페이스(Data Space) 현황과 시사점〉, 2023〉

이스 구축도 시도되고 있습니다. 가장 대표적인 사례 중 하나가 자동차산업을 대상으로 한 '카테나-X(Catena-X)' 컨소시엄입니다. 이 컨소시엄은 자동차제조업체와 관련 부품공급업체를 포함한 자동차산업 가치사슬상에 데이터 스페이스를 구축하는 프로젝트를 실행하기 위해 구성되었습니다.

이 컨소시엄은 독일연방정부(BMWK)에서 자금을 지원 받아 형성되었으며, 현재 자동차업체뿐 아니라 소프트웨어, IT 기업 등의 참여가 증가하고 있습니다. 카테나-X 컨소시엄은 중소기업의 참여를 중시하여 이들의 참여를 적극적으로 유인하고 있습니다. 많은 중소기업이 참여할수록 산업 전반의 데이터가 공유·활용될 수 있고, 그만큼 데이터 스페이스의 가치가 증가하기 때문이라고

⚙ 매뉴팩처링-X 적용 산업

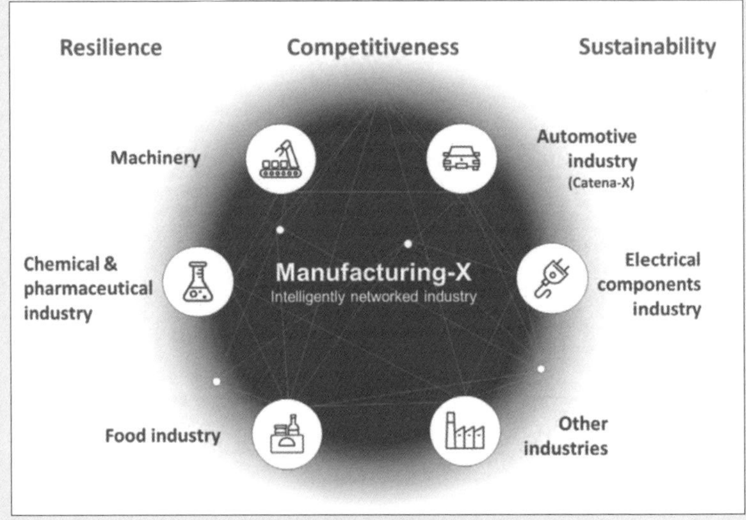

〈출처 : BMWK, 〈매뉴팩처링-X 백서〉, 2022〉

할 수 있습니다.

독일 정부는 여기에 그치지 않고, 위의 그림처럼 자동차제조업체를 넘어 전체 제조업을 아우르는 데이터 스페이스로서 '매뉴팩처링-X(Manufacturing-X)'라는 새로운 개념을 발표하기도 했습니다.

독일이 데이터 스페이스를 주도하게 된 이유

그런데 왜 독일이 먼저 데이터 스페이스에 대한 아이디어를 제시하고 주도하게 되었을까요?

가장 큰 이유는 제조업이 독일의 가장 중요한 기반 사업이기 때문입니다. 실제로 독일의 GDP 대비 제조업 비중은 19.0%(2023년 기준)로 거의 20%에 육박합니다. 우리에게 익숙한 폭스바겐이나 지멘스 등의 브랜드를 통해 알 수 있듯이 글로벌 시장에서 독일의 제조업은 선도적인 경쟁력을 갖추고 있습니다. 따라서 독일 정부도 제조업 경쟁력의 유지가 국가 성장 · 발전의 기반임을 인지하고 있을 것입니다.

또 다른 이유는 많은 중소기업이 독일 제조업의 근간을 이루고 있다는 데서 찾을 수 있습니다. 중소기업의 경우 제한적인 영역에서는 AI의 활용이나 이를 통한 운영 효율화를 시도할 수 있습니다. 하지만 산업 가치사슬 전반에서 데이터를 수집하고 공유하는 것은 대규모 인프라가 필요하기 때문에 중소기업 차원에서 실행하기 어렵습니다. 그렇기 때문에 독일 정부 차원에서 적극적으로 산업 전반의 데이터를 공유하고 활용할 수 있게 하는 한편, 각 중소기업 고유의 데이터는 독점적으로 유지 · 관리할 수 있는 장(場)을 마련하고 있는 것입니다.

독일 정부는 과거 4차 산업혁명이라는 용어가 널리 사용되게 된 초석이라고 할 수 있는 '인더스트리(Industry) 4.0'이라는 개념을 만들었습니다. '데이터 스페이스'는 독일 정부가 이 인더스트리 4.0의 구체적 실천 기반을 마련하기 위해 주도한 프로젝트라고 할 수 있습니다.

데이터 스페이스가 완성되면 각 제조업체들이 개발부터 판매에 이르는 데이터를 실시간으로 공유함으로써 맞춤형 제조와 AI

에 의한 제조공정의 변화를 이룰 수 있습니다. 그리고 이를 기반으로 본격적인 4차 산업혁명이 실현될 수 있을 것입니다.

제조업 비중이 독일보다 훨씬 높고, 많은 중소기업이 대기업과 함께 산업 생태계를 이루고 있는 우리나라에서도 이와 같은 움직임이 조기에 활성화되기를 기대합니다.

2부 AI가 산업에 어떤 도움이 되는지 알아보자

3장

AI가 서비스산업 혁신에 도움이 될까?

01
AI의 효과를 가장 많이 볼 수 있는 산업 영역은?

AI가 사업 자체에 영향을 미치려면 'AI에 의해' 사람에게 제공하는 제품이나 서비스의 '가치'가 바뀌어야 합니다. 즉, 사용자의 사용방식을 바꿈으로써 소위 '업의 본질'이 바뀌어야 합니다.

그러면 이런 측면에서 어떤 산업이 AI에 의해 가장 많은 영향을 받을 수 있을까요? 이것을 판단하는 첫 번째 기준은 '사용자가 하는 일을 대신할 수 있는지' 여부입니다. 제품이나 서비스를 사용할 때 내가 선택하고 조작해야 하는 일을 AI가 대신해 준다면 사용방식이 근본적으로 바뀌는 것이니까요.

다음 그래프는 주요 산업을 위와 같이 AI에 의한 '변화 가능성'과 '실현 가능성'을 기준으로 사분면으로 구분해 그려 본 것입니다. 그래프를 보면, 우선 엔터테인먼트산업이 AI를 활용해 단기적으로 가장 많은 변화를 만들어 낼 수 있음을 알 수 있습니다. 이 산업 영역에서는 이미 AI를 통해 많은 변화가 일어났고, 앞으로도

⚙ AI에 의한 산업의 변화 가능성과 실현 가능성 2x2 매트릭스

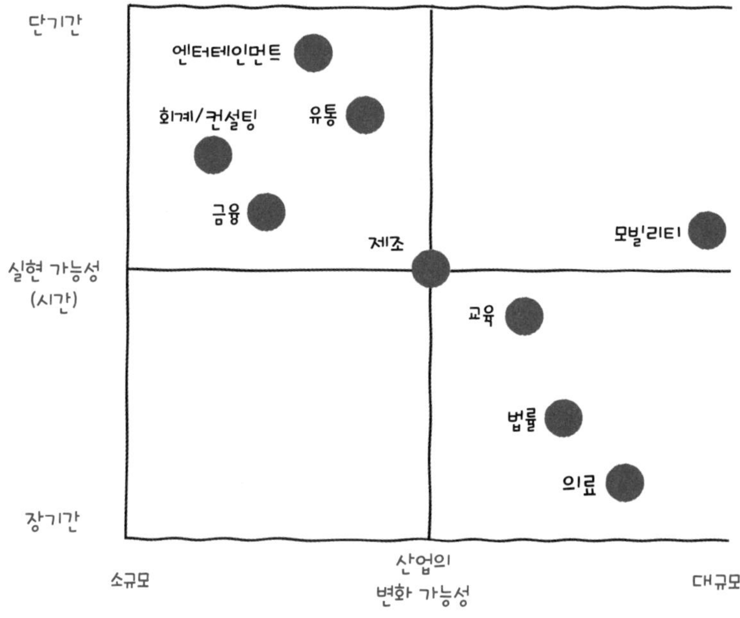

네트워크 및 메타버스로 불리는 가상화 기술의 발전에 따라 새로운 형태의 서비스가 등장하고 발전할 것입니다.

엔터테인먼트산업보다는 변화에 좀 더 시간이 걸리겠지만 유통 및 금융산업도 비교적 단기간에 AI에 의한 변화를 기대할 수 있습니다. AI를 이용해 다양한 형태의 복잡한 데이터를 활용할 수 있고, 또 이 데이터들로 전보다 나은 의사결정을 할 수 있기 때문입니다. 예를 들어 경기변화와 나의 투자성향 그리고 내가 가진 여유자금을 고려해서 수많은 금융상품 중에 내게 맞는 상품 조합을 찾는 것이 목표라면, AI가 투자상담사의 추천이나 투자자 자신의 판단보다 훨씬 더 적절한 대안을 찾아 줄 수 있을 것입니다.

다만 변화 가능성 측면에서는 기존의 산업 특성이 획기적으로 변한다기보다는 보다 편리해지고 효율화하는 형태로 발전하여 변화의 폭은 다소 제한적일 것으로 보입니다.

그 다음으로는 모빌리티산업이 AI를 통한 성장 가능성이 높고, 향후 변화를 기대할 수 있을 것으로 예측됩니다. 자동차산업을 근간으로 하는 모빌리티산업은 많은 사람이 관심을 가지고 있고, 새로운 시장 참여자도 계속 늘어나고 있습니다. 이 산업이 발전하여 자동차의 개념이 바뀌고 모빌리티와 주거가 연결되면 우리의 생활방식까지 변화시킬 것으로 예상됩니다.

그래프 중앙에 표시된 제조업의 경우 AI를 통해 산업 고도화는 되겠지만, 사업모델의 변화는 우리의 기대만큼 크지는 않을 것으로 보입니다. 다만 4차 산업혁명의 사례로 많이 회자되는 패션 등 소비자 기호를 반영한 산업 영역에서는 제품 공급방식에서 많은 변화가 일어날 것으로 보입니다.

한편, 오프라인 중심의 서비스산업들의 경우 AI로 인해 직업이 없어질 것이라는 예견이 많습니다. 특히 의료, 법률 등 전문가 서비스 영역에서 큰 변화가 예상되고 있습니다. 그렇지만 의료나 법률 등의 산업은 정보통신기술(ICT)의 발전과는 별개로, 혁신을 위해 관련 규제환경 등의 변화가 병행되어야 하는 만큼 그러한 예측이 실현되기까지는 상당한 시간이 걸릴 것으로 보입니다.

그럼 각 산업 영역별로 AI에 의한 변화 가능성과 실현 가능성을 좀 더 구체적으로 살펴보겠습니다.

02
엔터테인먼트산업에 AI가 기여할 수 있는 역할

AI의 속성을 토대로 AI가 가장 빨리 변화를 만들고 효과를 낼 만한 엔터테인먼트산업 영역이 어디인지 추론해 볼까요? AI의 가장 큰 가치는 많은 데이터를 활용하여 사람보다 훨씬 빠르고, 100%까지는 아니라도 정확하게 판단하는 것이라고 할 수 있습니다. 그러면 당연히 뭔가 많은 자료를 빨리 처리하고, 정답보다는 선택을 제안하는 것이 강점인 분야에서 AI가 가장 빠른 시간 내에 효용을 보여 줄 수 있겠죠. 그런 분야로 뭐가 있을까요?

죽어 가던 음악시장을 살려 낸 AI

가장 대표적 분야로는 '음악 스트리밍 서비스'가 있습니다. 이미 이 서비스에 익숙한 MZ 세대에게는 그다지 대단하지 않게 생각되겠지만, 음악 스트리밍의 등장은 음악산업의 오랜 기간 동안의 방황을 끝낸 대사건이었습니다. 1990년대 말까지만 해도 음반 판매가 가수와 작곡가 등 음악산업 종사자들에게 가장 큰 수익원이었습니다. 1980년대를 풍미했던 마이클 잭슨의 스릴러(Thriller) 앨범은 전 세계적으로 약 7,000만 장이 판매되기도 했었죠. 그렇지만 MP3 파일이 등장하고 CD의 디지털 음원화가 손쉽게 가능해지면서 음반 판매량이 급격히 감소하고, 30억 달러 수준에서 꾸준히 성장하던 음악시장이 그야말로 급전직하하기 시작했습니다.

사용자의 양심에 기대어 불법 다운로드 근절을 호소하기도 하고, 음반의 소장가치를 강조하기도 했지만 한번 변화된 사용자들의 음악 소비습관은 바뀌지 않았습니다. 애플이 주도한 곡당 다운로드, 정액 스트리밍 서비스 등이 점차 유료 음악시장을 키워 나가기는 했지만, 음반 판매 축소에 따라 매년 감소하는 음악산업 규모를 다시 키우기에는 역부족이었습니다.

이와 같은 흐름을 뒤집은 것이 바로 'AI'입니다. 스트리밍 서비스에 접목된 AI가 개별 사용자의 성향과 평소 즐겨 듣는 곡, 상황을 종합하여 다음 곡을 재생해 주게 되었죠. 사용자 입장에서는 별다른 노력 없이 편안하게 성향에 맞는 음악을 이어서 들을 수 있게 된 것입니다. 그 결과 정액제 스트리밍 가입자가 증가했고, 급기야 음반 매출 감소보다 정액 스트리밍으로 벌어들이는 수익이 커지게 되었습니다. AI가 음악산업을 그야말로 드라마틱하게 살려 낸 것이죠.

◎ 사업모델별 음악산업 규모 트렌드(1999~2021, 단위 : 10억 달러)

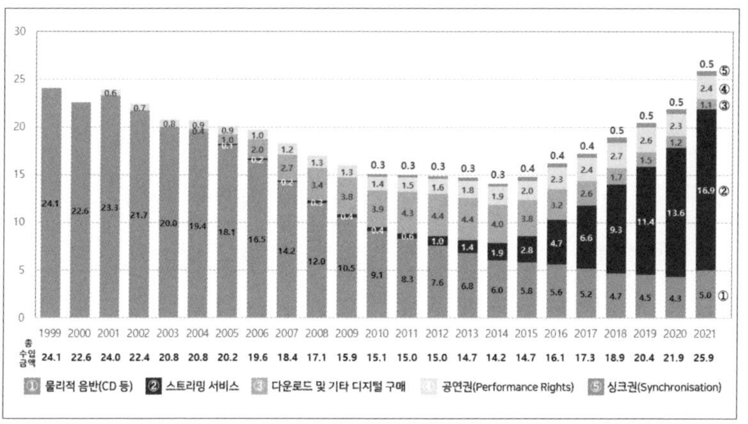

〈출처 : IFPI Global Music Report 2022〉

이제는 2000년대 초반에 화두였던, 가수의 재능을 최대한 활용해 드라마나 공연 출연, 각종 굿즈 판매를 통해 수익을 낸다는 의미의 '360도 사업'이란 말도 쑥 들어갔고, 가수뿐 아니라 대형 음반사들이 고수익을 꾸준히 창출하는 시대가 되었습니다. 오히려 스포티파이(Spotify)와 같은 대형 음악 서비스 사업자가 AI를 포함한 인프라 투자와 창작자에 대한 높은 수익 배분으로 수익 창출을 걱정해야 하는 상황이 되었습니다.

더 혁신적인 변화가 가능할까?

음악, 영화 등은 각 콘텐츠 종류별로 사실상 한 가지 유형의 데이터라고 할 수 있습니다. 따라서 사용자의 연령, 성별, 성향, 콘텐츠 이용시점 등의 입력변수를 통해서 개별 사용자가 어떤 콘텐츠를 좋아하는지 예측하기가 상대적으로 쉽습니다. 그러다 보니 AI라는 말이 나오기 전부터 데이터를 이용한 추천 서비스가 보편화되었죠. <하우스 오브 카드(House of Cards)>와 같은 넷플릭스 드라마가 이러한 데이터 분석을 기반으로 기획되기도 했습니다.

이제 넷플릭스, 디즈니 등의 콘텐츠 추천 서비스와 콘텐츠 기획을 위한 이용자 선호도 분석은 많은 사람이 알고 있는 서비스가 되었습니다. 앞으로 이 산업 분야에 어떤 발전이 있을지는 모르지만, 아직까지는 별다른 변화가 감지되고 있지는 않습니다.

필자의 생각으로는 앞으로 이 분야에서 발전할 만한 영역으로, 챗GPT 등 생성형 AI를 이용한 콘텐츠의 변형이 허용되고 AI를 활용한 음악의 편곡이 보다 많이 이루어져서, 이러한 변형 콘텐츠들을 공유하는 서비스를 예상해 볼 수 있습니다. 영화나 드라마까지는 어렵겠지만, 음악을 포함해 짧은 동영상과 그림 · 사진 · 애니메이션 등의 영역에서는 원 콘텐츠의 변형이 보편화되고, 수준 높은 변형 콘텐츠는 유료화하는 형태의 발전이 남아 있지 않을까 싶습니다. 이렇게 될 경우 작곡가나 촬영을 하는 프로듀서는 앞으로도 직업을 유지할 수 있겠지만, 음악을 연주하고 편곡하는 전문가들이나 동영상이나 애니메이션을 편집하는 전문가들은 직업을 잃을 수도 있습니다.

위의 내용은 다소 추상적으로 들릴 수 있지만, '이제 사진관은 위기산업입니다'라고 하면 받아들이는 느낌이 좀 다를 것입니다. 사진관은 디지털 기술로 인해 더욱 작업이 편해지고, 전문가용 솔루션을 활용해 사진을 더 빨리 만들어 낼 수 있게 되었습니다. 또 포토샵 기술을 이용해 사진을 고객이 원하는 다양한 형태로 만들어 줄 수도 있게 되었습니다. 물론 포토샵 소프트웨어는 일반인도 사용할 수 있습니다. 하지만 사용법을 배우는 데 시간이 걸릴 뿐 아니라 아무래도 전문가 수준의 경험을 쌓아서 기술을 차별화하기는 쉽지 않습니다. 그래서 사진 분야의 디지털화에도 불구하고 사진관들이 전문가 영역을 지금껏 지켜 올 수 있었던 것이죠. 그렇지만 이제 AI로 인해 그림의 편집이나 보정에 전문가 손길이 필요 없는 시대가 왔기 때문에 향후 사진관은 없어질 가능성이 높은 업종으로 보입니다.

결론적으로 필자가 보기엔 엔터테인먼트산업이 비교적 균질한 데이터를 이용해 성과를 낼 수 있는 영역이어서 AI를 통한 산업 선진화를 가장 먼저 이뤄 내기는 했지만, 앞으로 단기적 변화는 있을지 모르나 중장기적으로는 획기적인 변화가 일어날 가능성이 크지 않다고 생각합니다.

Column

스포티파이의 수익성 저하가 보여 주는 AI의 역설

스포티파이(Spotify)는 사용자 수 6억 명, 프리미엄 가입자 수 2억 명이 넘는 세계 최대의 음악 서비스입니다. 2023년 기준 매출이 132억 유로(19조 원)에 이를 정도로 이미 커질 만큼 커진 서비스라고 생각할 수 있지만, 성장률이 여전히 10%를 넘고 있습니다. 이 수치들만 보면 스포티파이가 초우량기업일 듯하지만 영업이익은 여전히 적자를 기록하고 있습니다.

사업 초기라면 가입자 수와 매출이 꾸준히 성장하고 있으니 앞으로가 기대되는 기업으로서 미래를 낙관적으로 볼 수 있을 것입니다. 그렇지만 스포티파이가 이미 수억 명이 이용하는 서비스인 점을 감안하면 그렇게 보기 어렵습니다. 지금쯤은 이미 초기 인프라 투자가 끝나고 규모의 경제를 달성하여 10%를 훨씬 상회하는 영업이익률을 시현하고, 잉여자금을 기반으로 한 M&A를 통해 사업다각화를 검토하는 것이 정상적인 상황으로 생각됩니다. 사용자 수를 감안하면 앞으로도 고성장이 유지되리라고 보기도 어렵습니다.

따라서 매출도 크고 시장에서의 위상도 탄탄하지만 결코 기업이 안정적인 궤도에 있다고 볼 수 없습니다. 실제로 스포티파이는 2023년 말에 직원의 17%를 해고하는 구조조정을 단행했습니다. 반면에 음악 콘텐츠를 제작 · 유통하는 유니버설뮤직그룹의 경우 매년 10%가 넘는, 안정적인 영업이익률을 유지하고 있습니다.

왜 이렇게 음악사업자는 살아나는데 음악산업을 되살린 일등 공신 기업은 부진한 수익성에 허덕이게 되었을까요? 바로 콘텐츠 제작자에 대한 높은 이익 배분 비율과 경쟁력 유지를 위해 사용하는 높은 비용 때문입니다. 스포티파이의 매출원가는 매출의 약 3/4 수준입니다. 그 중 반 이상이 레이블로 불리는 대형 음악사업자 및 기타 저작권료를 포함하여 음악 콘텐츠 사업자에게 지불하는 비용입니다. 여기에 매출의 1/4가량을 마케팅과 R&D에 지출하다 보니 결국 남는 게 없는 구조입니다. 애플, 구글 등의 플랫폼 강자와 경쟁하려면 마케팅에 상당한 투자를 지속할 수밖에 없고, 사용자가 원하는 음악을 경쟁자보다 더 정확히 골라 주는 서비스를 제공해야 하니 R&D 노력도 계속 이어 가야 합니다.

필자의 생각으로는 가입자를 활용한 새로운 수익원을 찾지 않으면 몇 년 내에 수익성을 개선하기가 쉽지 않아 보입니다. 반면에 음악사업자들은 본업에 충실하면서 편안히 돈을 벌고 있는 상황입니다.

통상 디지털 기술을 활용한 테크(Tech)기업이 기존의 전통적인 산업을 파괴할 것이라는 선입견을 가진 경우가 많습니다. 그런데

스포티파이 사례는 오히려 AI를 기반으로 한 기업이 각고의 노력을 기울여 전통적인 산업을 유지 · 발전시키는 데 기여할 수 있음을 보여 줌으로써 AI 도입 후에도 전통적인 산업의 경쟁력이 유지될 수 있음을 시사하고 있습니다.

03
모빌리티산업에 AI가 기여할 수 있는 역할

AI를 통해 가장 획기적인 변화가 기대되는 산업

자동차산업을 포함한 모빌리티산업 분야는 AI로 인한 앞으로의 변화 가능성이 가장 높다고 볼 수 있습니다.

자동차를 주로 조작하는 주체는 '사람'이지만, 사실 사람은 운전에 있어 매우 불완전한 존재입니다. 언제든 사람은 졸거나, 딴짓을 하거나, 시야가 좁아 져서 사고를 낼 수 있습니다. 처벌이 강화되었음에도 음주운전으로 인한 사고소식이 여전히 언론 지면에서 사라지지 않고 있기도 하죠. 이처럼 우리는 사고 예방에 매우 취약한 존재인 사람이 운전하는 차가 도로에 넘쳐 나는 위험한 세상에 살고 있습니다.

많은 사람이 AI가 획기적으로 변화시킬 수 있는 영역으로 자동차산업을 꼽는 이유가 여기에 있습니다. 이상적인 환경을 가정할 때, AI가 서로 교신해 가며 차량을 운전하면 사람이 운전할 때보다 사고가 줄어들 수 있습니다. 응급상황인 차량이 빨리 이동해야 할 때도 다른 차들이 상호교신을 통해 지금보다 훨씬 신속하게 길을 양보할 수 있습니다.

자율주행을 넘어 공간혁명을 꿈꾸다

단순 주행 측면에서의 발전뿐만 아니라 새로운 사업군이 등장할 수도 있습니다. 현재의 차량 내부는 대부분 비슷합니다. 의자가 좀 더 편하거나 접히는 형태가 다른 것 정도 외에는 차별점이 없죠. 그렇지만 자율주행 자동차가 등장하면 차량 내부를 휴식공간으로 꾸밀 수도 있고, 사무공간으로 만들 수도 있습니다. 그러면 아파트 인테리어처럼 자동차 인테리어가 하나의 산업이 될 수도 있을 것입니다. 또한 자동차 안에서 영화나 음악을 즐기는 경우가 늘어남에 따라 스피커나 영상장비도 지금보다 훨씬 다양하게 발전할 것입니다. 자율주행 기술의 발전에 따라 새로운 산업이 함께 커 나갈 기회가 생길 수 있는 것이죠.

나아가 자율주행차가 UAM(Urban Air Mobility, 도심형 항공교통) 수준으로 발전한다면, 자동차가 집의 일부가 되는 상상도 해 볼 수 있습니다. 자동차가 날아다니고 고층 건물 어느 곳에든 연결이 가능해지면 내가 일하는 사무실이 차가 되고, 집에 오면 거실과 차가 연결되어 방이 되는 모습도 가능할 것으로 보입니다. 이렇게

AI를 통해 구현하게 될 자율주행은 단순히 이동의 편안함을 제공하는 차원을 넘어 생활방식을 변화시킬 수 있는 엄청난 잠재력을 지니고 있습니다.

결론적으로 모빌리티산업은 AI를 통해 가장 많은 변화가 일어날 수 있는 영역이며, 그 변화는 10년 이상의 긴 기간 동안 지속적으로 일어날 것으로 예상됩니다. 이미 많은 변화가 있었다고 생각

⚙ 미국 자동차공학회(SAE)의 자율주행 단계 정의

단계	내용		관련 주요 첨단 사양 및 시스템	해당 주요 업체(추정)
0단계	자동화 없음	운전자가 차량을 완전히 제어해야만 하는 단계	–	–
1단계	운전자 보조	조향, 가감속 등을 자동화해 운전자가 도움 받는 수준	정속주행장치(ACC)	–
2단계	부분 자율주행	고속도로 주행 시 차량·차선 인식, 앞차와 간격 유지 기능, 운전자가 주변 상황 주시	스마트 크루즈 컨트롤(ASCC), 조행 조향 보조 시스템(LKAS) 등을 결합한 형태	바이두
3단계	조건적 자율주행	일정 구간 자율주행 가능, 운전자가 주변 상황 주시해 돌발상황 대비	첨단 운전자 보조 시스템(ADAS)	테슬라, GM, BMW, 포드, 폭스바겐, 볼보
4단계	고도화된 자율주행	특정 도로조건에서 모든 안전 제어 가능	라이다(Lidar) 시스템	현대차, 벤츠, 도요타
5단계	완전 자율주행	운전자 개입 없이 목적지까지 주차 등 모든 기능이 완전 자동화된 단계, 운전자 없어도 됨	커넥티드 시스템	구글, 애플 (특정 구간만 성공)

〈출처 : https://www.fnnews.com/news/201611201721225605〉

할 수 있지만, 필자는 아직 변화는 시작되지도 않았다고 생각합니다. 여전히 모든 사람이 자동차 안에서 운전대를 잡고 앉아 있기 때문이죠. 따라서 본격적인 변화는 앞의 표 기준으로 4~5년 후에 운전자가 개입할 필요가 없는 '자율주행 4단계'가 보편화될 때부터 시작될 것으로 보입니다.

04
전문가 서비스산업에 AI가 기여할 수 있는 역할

전문가 서비스산업 (1) 의료

의료산업은 영역이 광범위할 뿐 아니라 예방→진단→치료→사후관리 등 단계별로 제공하는 서비스의 성격이나 사업모델에도 차이가 있습니다.

우선 산업의 변화 가능성 측면에서는 진단 및 예방 분야의 변화 가능성이 가장 크다고 생각됩니다. 의술이 발전하더라도 현장에서 진료하는 의사마다 진단이 다른 경우가 많으며, 오진이 아니더라도 치료법에 대한 의견이 다른 경우도 많습니다. 그래서 경험 많고 인지도 높은 의사들을 명의라고 부르고 있으며, 이들에게 진단 받으려면 예약을 하고도 몇 달씩 기다려야 한다는 언론 기사도 심심치 않게 볼 수 있습니다.

AI는 이처럼 의사에 따라 차이가 있을 수 있는 질병에 대한 '진단 정확도'를 획기적으로 개선할 수 있습니다. 다만 이러한 개선은 환자의 상태와 치료에 대한 사례 데이터가 장시간 동안 많은 사람들로부터 수집되었을 때 가능합니다. 이런 제약으로 인해 당분간은 AI가 좀 더 나은 결과를 보여 주더라도 투자 대비 효과 측면에서는 미흡할 것입니다. 그렇지만 AI가 어느 정도 효과를 발휘하기 시작하면 해당 AI를 이용하는 곳으로 환자들이 몰릴 것이고, 이로 인한 데이터가 계속 쌓임에 따라 후발주자와의 격차가 더욱 확대될 것입니다. 이것이 구글, 애플 등의 거대 IT 기업에서 투자 대비 성과가 미미한 데도 불구하고 의료 데이터 축적과 AI 활용에 목숨 걸고 엄청난 투자를 지속하는 이유입니다.

그런데 '예방' 측면에서 AI가 기여할 가능성에 비하면 위의 진단 측면에서의 가능성은 새 발의 피 수준에 불과할 것입니다.

중국 춘추전국시대에 편작이라는 명의가 있었습니다. 다소 만화 같기도 하지만, 편작과 제나라 환공 사이에 이런 일화가 있습니다. 어느 날 편작은 환공을 만나 병이 피부에 머물고 있다고 했으나 환공은 귀기울이지 않았습니다. 며칠 뒤에 편작이 이제 병이 근육에까지 이르렀으니 빨리 치료를 하자고 했지만 환공은 자신이 건강하다고 생각하며 여전히 듣지 않았습니다. 며칠이 더 지나 이번에는 편작이 환공을 보고 도망을 가 버렸습니다. 이에 환공이 편작을 찾아서 이유를 물으니 이제는 고칠 수가 없다고 했습니다. 며칠 후 통증을 느낀 환공이 편작을 찾았을 때는 이미 그가 나라를 떠난 뒤였습니다. 그리고 환공은 결국 오래지 않아 세상을 떠났다고 합니다.

AI가 바로 이 희대의 명의 편작을 이 시대에 소환할 수도 있습니다. 병에 대한 가족력, 환자의 상태 등에 관한 종합적인 정보를 축적하고, 이를 AI를 활용해 분석하면 병세를 조기에 알아내고 발병 전에 예방하는 일이 가능해질 수 있기 때문입니다. 막연히 음주를 삼가고 운동을 많이 하라는 것보다 어떤 병이 임박했거나 발병 가능성이 있으니 구체적으로 무엇을 조심하라는 것이 당연히 훨씬 효과적인 조언이 되겠죠.

그렇지만 그 수준까지 가려면 엄청난 데이터를 축적해야 합니다. 환자별로 수도 없이 많은 생활정보, 가족력, 유사 환자의 병 진행 과정 등에 대한 종합적인 정보를 처리해야 의미 있는 경향을 찾아내고 조언을 할 수 있습니다. 발병 가능성을 미리 안다고 해서 병에 걸리는 걸 막을 수는 없지 않느냐고 반문할 수도 있습니다. 하지만 암도 초기에 발견하면 치유가 훨씬 쉬워지듯이 병세가 없거나 미미할 때 발병위험을 알게 되는 것만으로도 엄청난 가치를 제공해 줄 것입니다.

아직까지 많은 기업이 AI를 활용하여 예방보다는 진단 측면에서 변화를 만들어 내기 위해 애쓰고 있습니다. 현실적으로 진단분야가 데이터의 양이나 효과 측면에서 훨씬 구현하기 쉽기 때문이죠. 하지만 이것조차도 필요한 정보의 방대함 때문에 단기적으로는 효과를 거두기 어렵습니다. 결론적으로 의료 분야는 지향하는 목표가 실현되면 인류에게 엄청난 가치를 제공할 수 있지만, 실현하는 데 많은 시간이 필요한 영역이라고 할 수 있습니다.

전문가 서비스산업 (2) 법률

챗GPT가 나왔을 때 가장 많은 영향을 받을 것으로 예상했던 분야 중 하나가 법률 서비스입니다. 법률 서비스 자체가 새롭고 창의적인 아이디어가 아니라 관련 법 조항의 적용 가능성, 판례 등 이전 사례에 대한 광범위한 조사가 필요한 영역입니다. 그야말로 AI의 도움을 받기에 매우 용이한 영역이라고 할 수 있죠.

법률 관련 드라마를 보면 변호사들이 산더미 같은 서류를 읽으며 소송을 준비하는 모습을 자주 볼 수 있습니다. 바로 그와 같은 자료검토와 판례 분석 등이 AI가 가장 크게 공헌할 수 있는 영역이고, 변호사의 과도한 업무부담을 줄일 기회도 제공할 수 있습니다. 나아가 필자의 생각이지만, 최종 판결까지는 아니라도 이전 판례를 종합해서 판결의 공정성에 대한 가이드라인을 제공하는 것 정도는 AI를 활용하는 방식이 훨씬 바람직해 보입니다.

그렇지만 아직까지는 법률 서비스를 제공하는 입장과 이용하는 입장 모두 AI를 이용하는 데 대해 거부감이 있습니다. 또 과도하게 AI에 의존하는 방식은 개별 법률사건의 특수성을 반영하지 못해 잘못된 판단을 불러올 위험도 있을 수 있습니다.

실제로 뉴욕의 한 변호사가 콜롬비아 국적의 아비앙카(Avianca) 항공과의 소송에서 챗GPT의 도움을 받아 소송서류를 준비했다가 망신을 당한 사례가 있었습니다. 당시 해당 변호사가 법정에서 챗GPT가 작성한, 소설에 가까운 판례를 제시하는 바람에 상대측 변호사와 판사에게서 지적 받고 벌금형까지 선고 받았던 것입니다. 이 사례로도 알 수 있듯이 아직까지는 법률 관련 데이터와 일반 데이터 사이에 사실 확인의 중요성과 정보의 무게감에서 차이가 있습니다. 또 개인정보 관리제도 등에도 부족함이 있기 때문에 법률 서비스 영역에서 AI를 활발하게 사용하기까지는 시간이 더 필요할 듯합니다.

전문가 서비스산업 (3) 회계 및 컨설팅

회계나 컨설팅 분야의 경우 법률 분야에 비해 상대적으로 데이터 질에 대한 이슈가 적습니다. 또 회계법인이나 컨설팅기업에서는 다양한 형태의 데이터를 다룰 뿐 아니라 소프트웨어에 대한 의존도가 높기 때문에 AI에 많은 투자를 계획하고 있습니다. 예를 들면 글로벌 회계업체인 PWC는 2026년까지 생성형 AI 도입에 10억 달러를 투자할 예정이며, KPMG는 마이크로소프트와 2028년까지 20억 달러에 달하는 금액이 투자되는 AI 서비스 계약을 체결했습니다.

회계 분야에 AI를 도입하면 데이터 처리의 효율성이 확실히 나아질 것입니다. 또 대체로 정형적인 프로세스를 소프트웨어로 개발하는 회계 및 경영 프로세스 컨설팅의 특성상 AI가 적정한 솔루션을 개발하고 기업에 적용하는 시간을 단축시킬 수 있다고 봅니다. 그렇다고 AI가 회계업무 전반에 획기적인 변화를 일으킬 것이라고 보기는 어렵습니다. 다만 기존 업무에 있어서는 업무경력이 적거나 업무를 보조하는 직원의 일을 줄여 줌으로써 업계 전반의 인력을 감축시킬 가능성은 높아 보입니다.

05
교육산업에 AI가 기여할 수 있는 역할

현재 교육 분야에서는 디지털 기술의 활용이 증가하고 있습니다. 또 앞으로는 AI 기술 발전의 영향으로 교육방식이 답을 찾고 정리하는 것이 아닌, '어떻게 질문하는 것이 바람직한지'에 초점을 두는 형태로 변화할 가능성이 높습니다. 그렇지만 AI를 바라보는 교육계의 시각이 그리 긍정적이지는 않습니다. 2023년 유네스코(UNESCO)의 'AI의 영향에 따른 미래 교육 전망에 대한 보고서'를 보면 교육 분야에 AI를 활용한 많은 기회가 있다는 측면보다는, 다음과 같은 이슈에 대해 부정적인 시각을 드러내고 있습니다.

- AI를 활용할 수 있는 계층과 그렇지 못한 계층의 교육 격차
- 챗GPT 사용이 일반화된 이후에 적절한 언어·작문 교육

필자를 포함해 상당수의 사람이 챗GPT보다 글을 더 잘 쓴다고

자신하기 어려울 것입니다. 앞으로 챗GPT가 좀 더 발전하면 마치 피자의 토핑을 주문하듯 글을 단호한 어체로 쓸지, 미사여구나 인용문을 얼마나 활용할지 등을 자유자재로 정할 수 있게 될 것으로 보입니다. 그렇게 되면 위의 유네스코에서 제기한 이슈처럼 사람들이 언어를 배우는 데 더 소홀하게 되고, 일상 대화가 온라인 채팅 용어 수준으로 이루어질 수도 있을 것이라 생각됩니다.

인터넷과 비디오 매체를 교육에 활용하려는 시도는 예전부터 계속 증가해 왔습니다. 그렇지만 학습능력이나 의욕을 떨어뜨릴 수 있고, 얼굴을 맞대고 하는 교육방식에 비해 아무래도 집중도나 커뮤니케이션 효율이 떨어지다 보니 그 효과성에 대해 많은 의문이 있어 왔습니다. 또 멀티미디어에 의한 교육은 활자매체를 보고 손으로 쓰면서 하는 교육에 비해 효과가 떨어진다는 지적도 많았습니다. 그러다 보니 디지털 방식의 교육은 주된 교육방식이 아닌 보조적인 수단으로 많이 활용되었습니다.

이런 경향은 앞으로도 당분간은 지속될 것으로 보입니다. 다만 MZ 세대 다음 세대, 즉 책보다 아이패드를 먼저 사용하며 자란 세대에게는 AI 기반의 교육이 훨씬 효과적일 가능성이 높은 만큼 그러한 교육에 대한 접근비중을 늘릴 필요가 있어 보입니다. 몇 년 전, 2~3살 때부터 아이패드를 사용하던 아기에게 그림책을 보여 줬더니 책갈피를 넘기지 않고 계속해서 누르고 밀더라는 이야기를 들은 적이 있습니다. 이들 세대는 당연히 그 이전 세대에 비해 멀티미디어를 사용하는 재택교육에 대한 수용도가 높을 것입니다. 또 사용자와 소통할 때 키보드나 터치 스크린 대신 음성 서비스나 챗GPT와 같이 문장으로 커뮤니케이션이 가능한 AI 도구를 활용하면 새로운 세대의 교육에 훨씬 더 이해하기 쉽게 적용할 수 있고 효과도 높을 것으로 보입니다.

앞서 제시한 유네스코의 부정적인 시각이나 AI 기반 콘텐츠 활용 가능성의 한계 등을 고려하면 AI가 교육에 일반적으로 활용되기까지는 많은 시간이 걸릴 것으로 예상됩니다. 따라서 AI 기반의 교육이 큰 산업으로 성장하는 것 역시 아직은 한계가 있어 보입니다.

결론적으로 교육 분야에서의 AI 활용은 급격하거나 혁신적으로 이루어지기보다는 점진적으로 증가하면서 중장기적으로 새로운 형태의 교육방식이 등장하고 수용될 것으로 예상됩니다. 특히 향후 MZ 세대 이후의 세대를 대상으로 한 AI 기반 교육 콘텐츠는 활용빈도가 늘어나고 활용효과도 높아질 것으로 보입니다.

06
금융산업에 AI가 기여할 수 있는 역할

금융은 분야 특성상 상당히 오래 전부터 디지털 기술이 사용되어 왔으며, AI 활용도 계속 확대될 것으로 보입니다. 하지만 필자의 생각으로는, 이미 금융 분야에서는 빅 데이터 및 프로그램 기반 거래 등 많은 AI 관련 기술을 활용해 왔고, 투자 영역의 경우 워낙 예측이 어려워 AI를 활용한 수익률 향상 효과를 기대하기 쉽지 않기 때문에 AI 활용에 따른 변화는 크지 않을 듯합니다. 필자는 골드만삭스와 같은 유명 투자기업이 AI에 대규모 투자를 했다는 소식을 접하지 못하는 이유가 바로 여기에 있다고 생각합니다.

다만 개인화 영역의 기술 발전 측면에서는 챗GPT의 활용으로 상당한 진전이 있을 듯합니다. 지금도 금융기관에서는 고객 예치금을 고객 요구에 맞춰 활용하기 위해 개별 고객의 투자성향을 분석하고, 그 결과에 따라 투자상품을 제안하고 있습니다. 그렇지만 일반 투자자에게는 이 과정 자체가 상당히 귀찮은 일입니다. 게다가 분석 결과에 따라 제안 받은 상품이 어떤 이유로 다른 상품보다 고객 자신에게 적합한지도 알기 어렵습니다. 또한 상품을 설명하는 사람조차 해당 상품의 위험을 제대로 인지하지 못하는 경우도 있습니다. 이로 인해 과거 키코(KIKO) 사태•처럼 예상치 못한 시장상황 변동으로 투자자가 원치 않는 엄청난 손실을 입게 되는 상황이 언제든 생길 수 있습니다.

그렇지만 금융 분야에서 AI를 '고객과의 커뮤니케이션'에 활용하면 개별 고객에게 적정한 상품을 신속하게 제안할 수 있고, 상품의 기대수익과 위험에 대한 균형 잡힌 제안도 가능할 것으로 보입니다. 한 단계 더 나아가 고객이 동의할 경우, AI 챗봇이 알고 트레이딩••을 위한 코딩을 해서 개인별 맞춤형 투자가 자동으로 이루어지게 할 수도 있을 것으로 예상됩니다.

결론적으로 금융 분야에서의 AI 활용은 당연히 증가할 것으로 전망되지만, 산업 및 비즈니스 모델 측면에서 큰 변화가 있을 것으로 보이지는 않습니다. 다만 개인별 투자상담과 투자상품 제공 방식에 있어서는 상당한 진보가 예상됩니다.

• 2008년 금융위기 때 환율 변동에 기반한 파생상품인 키코(KIKO)에 가입한 다수 중소기업이 큰 손실을 본 사건

•• (알고리듬 트레이딩의 줄임말) 프로그램을 이용하여 자동으로 투자상품을 거래하는 방식

07
유통산업에 AI가 기여할 수 있는 역할

유통산업은 다루는 상품이 다양할 뿐 아니라 이동경로가 복잡하고, 상품의 포장이나 창고 내 물류도 챙겨야 하는 쉽지 않은 영역입니다. 게다가 기업 혹은 개인 고객에 대한 관리까지 잘 해야 하는 매우 까다로운 산업 분야라고 할 수 있습니다.

관리하기 어렵고 매우 복잡하다는 것은 유통산업 운영 과정에서 많은 데이터가 창출된다는 사실을 의미하며, 이는 곧 유통산업 분야에 AI를 활용하면 운영 효율성 개선과 비용 절감 기회를 많이 얻을 수 있음을 의미합니다. 그래서 월마트, 아마존 등의 대형 유통기업들이 물류 인프라는 물론 고객 주문 처리 등 주요 기업활동에서 AI를 활용하고 있는 것입니다.

대표적으로 월마트가 AI를 어떤 활동에 활용하고 있는지 살펴보겠습니다. 우선 월마트는 공급자에게서 '제품을 구매하는 과정'에 AI를 활용하고 있습니다. 월마트는 대형 유통기업인 만큼 10

만 곳이 넘는 공급업체를 보유하고 있습니다. 당연히 구매관리가 매우 복잡하고 인력과 시간도 많이 사용되겠죠. 이에 월마트는 가격을 포함한 공급업체와의 계약조건 협상에 팩텀 AI(Pactum AI)가 개발한 AI 챗봇•을 이용했습니다.

이 AI 챗봇은 판매자에게 아래와 같은 화면을 통해 과거 거래 추이, 가격 경쟁력, 원재료 가격 변동 등을 보여주면서 협상을 하며, 판매자가 마진을 양보하는 경우 반대급부로 계약기간 연장을 제안할 정도로 구매 협상자로서 필요한 역할을 충실히 수행합니다. 월마트는 이러한 AI 챗봇을 이용해 구매협상의 68%를 해결하

⚙ 팩텀 AI의 AI 챗봇

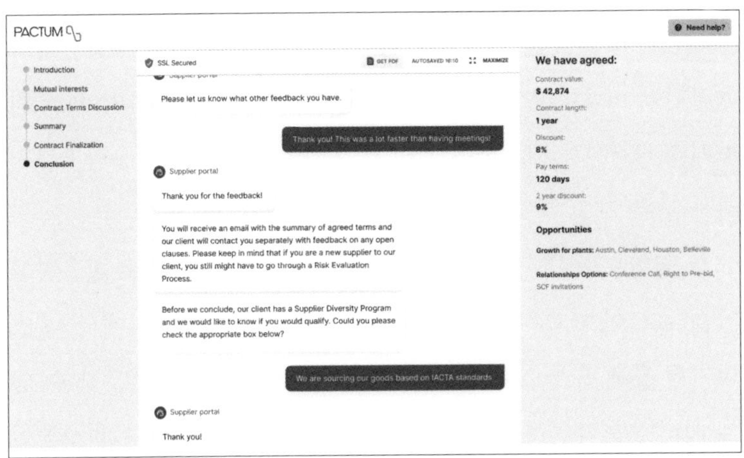

〈출처 : https://pactum.com〉

• 메신저와 유사한 방식으로 사용자와 짧은 대화를 문자로 주고 받을 수 있는 AI 서비스를 제공하는 소프트웨어

고 관련 비용도 절감했습니다.

그렇다면 판매자는 위와 같은 협상방식을 어떻게 받아들였을까요? 일반적으로는 콜 센터 대신 챗봇을 이용하면 사용자 대부분이 불편함을 느낍니다. 아무래도 뭔가 어색할 뿐 아니라 복잡한 질문에 엉뚱한 대답을 하기 때문이죠. 그렇지만 계약조건 협상의 경우 가격 등 정해야 하는 변수가 비교적 명확하고, 대화 범위도 제한적입니다. 또 판매자 입장에서 구매자가 '갑'으로 느껴지거나 실제로 소위 갑질을 당할 수도 있는데, 객관적인 근거를 가지고 소통하는 AI와는 대등한 입장에서 협상할 수 있습니다. 그 결과 판매자의 75%가 AI와의 구매협상에 만족해하고 있습니다.

월마트는 '물류'에 있어서도 '라우트 옵티마이제이션(Route Optimization)'이라는 소프트웨어를 자체적으로 개발하여 물류경로 최적화에 이용하고 있습니다. 또 AI 기반의 물류 자동화업체인 심보틱(Symbotic)과 제휴하여 지역 물류센터에 로봇을 활용함으로써 화물 분류, 재고 정리, 하역 등을 자동화했습니다.

또 월마트는 '고객의 주문 과정'에도 AI를 적극적으로 활용하고 있습니다. 이 기업은 고객이 매장에 방문하지 않고도 집에서 AI 스피커를 통해 음성으로 상품을 주문하거나 문자로도 주문할 수 있는 서비스를 제공하고 있습니다. 나아가 이 서비스는 고객 상황이나 구매성향에 맞춰 상품을 추천하는 기능도 제공하고 있습니다.

월마트는 고객뿐 아니라 판매직원을 위해서도 AI를 적극적으로 활용하고 있습니다. 이 기업은 직원들이 매장 내에서 특정 제품을 찾거나, 가격을 조회하여 고객에게 알려줄 수 있는 '애스크

샘(Ask Sam)'과 고객의 매장 픽업과 배달 서비스를 효과적으로 관리할 수 있는 '스토어 어시스트(Store Assist)'라는 스마트폰 앱 기반 서비스를 제공하고 있습니다.

월마트는 AI 기반 기능들을 내부적으로 활용하는 데 그치지 않고 다른 소매 유통업체들에도 월마트 커머스 테크놀로지(Walmart Commerce Technologies)라는 브랜드를 통해 '라우트 옵티마이제이션'과 '스토어 어시스트' 서비스 솔루션을 판매하고 있습니다.

정리하면, 월마트는 아래 그림처럼 모든 주요 기업활동에서 AI를 활용하고 있으며, 내부 경험과 역량이 부족한 분야에서는 팩텀, 심보틱, 구글 등 해당 역량을 보유한 파트너와 협력하여 AI를 도입하고 있습니다.

월마트의 적극적인 AI 투자는 실적 향상으로 이어졌고, 다음 쪽 도표처럼 주가가 2배 가까이 오르는 결과를 얻기도 했습니다. 물

⚙ 월마트의 기업활동별 AI 활용사례

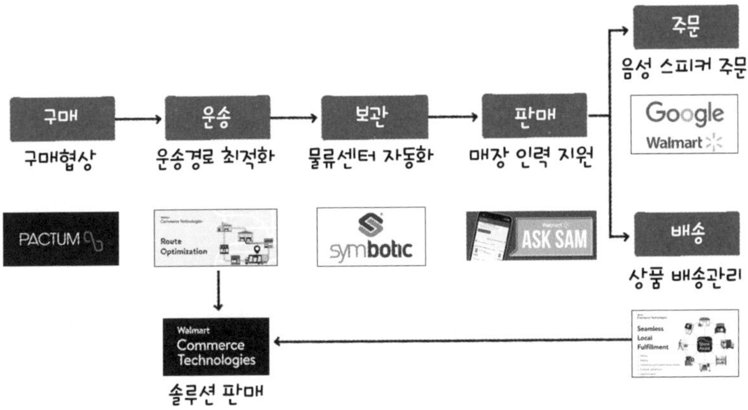

◎ 월마트의 주가 추이

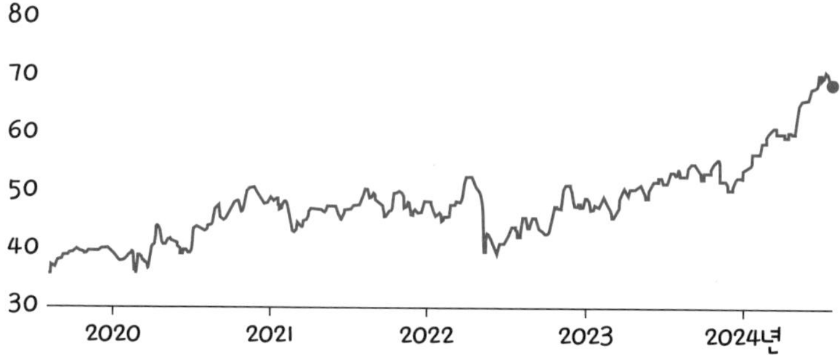

론 주가 상승에는 여러 요인이 있겠지만, AI 투자가 바로 실적으로 이어지는 유통업체 특성상 AI 도입으로 인한 비용 절감과 운영 효율성 개선 등이 기업가치 상승에 한몫했다고 볼 수 있습니다.

유통산업에서 AI를 기반으로 한 신기술은 단지 기존 사업의 효율성과 가치 상승에만 도움을 주는 것이 아니라 사업 영역을 확장하고 사업모델을 변화시키는 견인차 역할을 합니다. 특히 아마존은 여러 빅 테크 기업 중에서도 무인점포, 드론을 이용한 물류 등 신기술을 사용한 효율성 개선을 가장 적극적으로 추진하고 있습니다.

이 기업이 신기술을 적극적으로 받아들이는 이유는 신기술을 사용한 새로운 사업모델을 통해 그동안 진출하지 못했던 유통시장 영역에 진출할 수 있기 때문입니다. 한 예로 최근 아마존이 신규 사업으로 추진하고 있는 약국 서비스인 '아마존 파머시(Amazon Pharmacy)'를 들어 보겠습니다.

아마존은 2018년에 온라인 약국 서비스기업인 필팩(Philpack)을 인수해 브랜드 이름을 아마존 파머시로 바꾸고 나서 처방약 배송 서비스 대상지역을 미국 50개 주 전체로 확대했습니다. 그리고 2023년 1월에는 구독형 의약품 처방 서비스인 '알엑스패스(RxPass)'를 출시했습니다. 이 서비스를 구독하는 사용자가 월 5달러의 정액요금을 내면 주기적으로 처방받아야 하는 만성질환 약을 보다 편하게 무료로 받아 볼 수 있습니다.

아마존은 원격 의료 서비스인 아마존 케어(Amazon Care)와 개인용 헬스케어 웨어러블인 아마존 헤일로(Amazon Halo) 사업은 중단했지만, 온라인 약국 서비스사업은 꾸준히 성장을 이어 가고 있습니다. 바로 아마존이 보유한 배송과 고객관리 역량에서의 강점을 활용할 수 있다는 점이 성공의 가장 큰 이유라고 볼 수 있습니다.

필자의 생각으로는, 온라인 약국 서비스가 상대적으로 인구밀도가 낮으면서 IT 인프라가 잘 갖춰진 미국에서는 효용성과 실현가능성이 높아 기존의 약국 서비스를 대체하는 큰 시장으로 성장할 수 있지만, 다른 국가에서는 사업화가 쉽지 않을 것으로 보입니다. 다만 온라인 판매의 지경을 넓히는 하나의 산업 트렌드로서 자리매김할 수는 있다고 생각합니다.

위와 같은 온라인 약국 서비스 영역에서는 AI를 매우 유용하게 활용할 수 있습니다. 이 영역의 경우 고객 커뮤니케이션에 사용하는 대화의 형식과 내용이 어느 정도 정해져 있기 때문에 AI 기반의 챗봇 서비스가 고객응대에 유용하게 활용될 수 있습니다. 또

영상 인식을 포함한 AI 기술과 로봇 기술을 활용해 처방전대로 약을 분류하거나 약 포장이 제대로 되었는지 확인하는 일을 자동화할 수도 있습니다. AI를 통해 여러 약제의 적정 재고수준과 재고 부족 위험 가능성을 확인할 수도 있습니다. 이와 같이 약국 서비스 영역에 AI를 활용하면 기존의 약국 서비스보다 훨씬 낮은 비용으로 보다 정확도가 높고 편리한 서비스를 제공할 수 있게 됩니다.

결론적으로 AI는 현재도 유통산업 분야에서 비용 절감과 새로운 비즈니스 모델 창출에 핵심적인 역할을 하고 있습니다. 또한 무인점포를 포함한 유통채널의 변화도 불러올 것입니다. 나아가 AI가 맞춤형 제품 제조를 위한 사용자 니즈 파악에 있어서 가장 핵심적인 창구역할을 할 것으로 예상됩니다. 한마디로 유통산업은 AI가 현재뿐만 아니라 미래에도 많은 기여를 할 수 있는 잠재력을 가진 영역이라고 할 수 있습니다.

2부 AI가 산업에 어떤 도움이 되는지 알아보자

4장

AI는 기업경영에 어떤 도움을 줄 수 있을까? (with 챗GPT)

01
AI 도입효과 확인을 위한 주요 경영관리 활동의 구분

AI를 기업의 경영관리 각 영역에 적용하면 어떻게 될까요? 단순히 생각하면 뭔가 좋아지긴 하겠죠? 그럼 소위 ROI(Return On Investment), 즉 투자 대비 효과가 나올까요? 결론만 말하자면 '각 프로세스의 특성과 기업의 상황에 따라 다르다'일 것입니다.

그럼 일반적으로 볼 때 어떤 경영관리 영역에서 AI를 통한 투자 대비 효과를 가장 많이 얻을 수 있을까요? 그 전에 우선 경영관리의 주요 영역부터 살펴보겠습니다. 이와 관련해 경영 · IT 컨설팅 사의 경영활동에 관한 프레임워크를 참고하거나, 제품개발부터 판매에 이르는 프로세스를 플로우(flow) 형태로 도식화한 표를 참고할 수도 있습니다.

여기서는 다음과 같이 필자 나름대로 정리한 6가지 주요 경영관리 활동을 기준으로 AI 활용효과에 대해 살펴보겠습니다. 그리고 그 효과와 현실 적용 가능성에 대한 객관성과 통일성을 기하기

◎ 6가지 주요 경영관리 활동

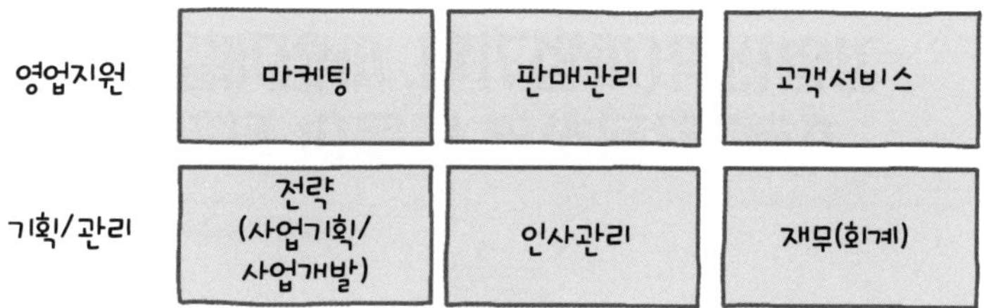

위해 챗GPT가 제시하는, 경영활동별 AI의 활용방식과 효과에 대한 답변을 덧붙이도록 하겠습니다.

02
경영전략(사업기획, 사업개발)에 AI를 활용하면 도움이 될까?

실현 가능성 ★ / 기대효과 ★

경영전략과 관련된 경영활동은 무엇이 있을까요? 우선 사람마다 경영전략에 대한 정의가 달라서 그 의미가 무엇인지부터 모호할 수 있습니다. 필자가 경영 컨설턴트로 일했던, 또 이후 기업의 기획 관련 분야에서 경영전략 수립업무를 했던 시각에서 보면 하버드대학교 경영대학원 교수였던 A. 챈들러가 한 다음과 같은 정의가 가장 적절해 보입니다.

'기업의 장기적 목적 및 목표의 결정, 이들 목표를 실행하기 위해 필요한 활동방향과 자원 배분의 결정'

위의 정의를 기반으로 보면, 경영전략은 기업 외부 환경, 경쟁상황, 내부 역량 및 관리활동에 대한 전반적인 내용을 광범위하게 수집하고, 이것들을 분석해야 잘할 수 있는 업무라고 할 수 있습니다. 따라서 특별한 데이터가 아니라 '경영활동 전반의 데이터'가 적시에 정확하게 전달되는 것이 가장 중요하다고 할 수 있습니다.

그래서 아래 챗GPT가 내놓은 답변을 봐도, 경영전략에 국한하지 않고 경영활동 전반에서의 AI 활용방식과 효과에 대한 내용이 정리되어 있습니다. 결론에서도 경영전략에 특별히 도움을 줄 만한 AI의 역할은 찾기 어렵고, 다만 기업에서 데이터를 분석하고 활용하기에 따라 도움을 받을 수 있다고만 언급하고 있습니다.

1. **예측 분석** : AI를 사용하여 많은 양의 데이터를 분석하여 패턴과 추세를 식별할 수 있으므로 기업이 정보에 입각한 전략 결정을 내리는 데 도움이 될 수 있습니다.
2. **시장조사** : AI는 고객 데이터와 행동을 분석하여 시장동향과 소비자 선호도에 대한 통찰력을 제공하여 기업이 효과적인 마케팅 전략을 개발하는 데 도움이 될 수 있습니다.
3. **고객서비스** : AI 기반 챗봇과 가상 도우미는 연중무휴 고객지원을 제공하고 고객의 질문과 우려 사항을 지원하여 고객 만족도와 충성도를 높일 수 있습니다.
4. **개인화** : AI를 사용하여 고객 데이터를 분석하여 개인화된 추천 및 제품 제안을 제공함으로써 고객 참여 및 매출을 높일 수 있습니다.
5. **공급망 최적화** : AI는 수요 예측, 재고관리, 개선 영역 식별을 통해 공급망 운영을 최적화하는 데 사용할 수 있으며, 이를 통해 기업은 비용을 절감하고 효율성을 높일 수 있습니다.

전반적으로 AI는 기업이 더 많은 정보에 입각한 결정을 내리고 운영 효율성을 개선하며 시장에서 경쟁우위를 확보하도록 도울 수 있습니다. 그러나 AI는 도구이며 AI의 효율성은 비즈니스의 전반적인 전략에 어떻게 사용되고 통합되는지에 따라 달라집니다.

필자의 판단으로는 경영전략 수립의 기초 단계인 산업 또는 시장 트렌드 분석이나 시장조사에 있어서 AI 활용에 따른 효용이 높을 것으로 생각됩니다. 또 이와 같은 일을 수행하는 AI 시스템은 단순히 경영전략 수립목적이 아니라 마케팅 등 경영활동의 일부로 운용하는 것이 타당해 보입니다.

여기에 추가적으로 기업 활동의 이상징후 판단에 활용하는 용도를 고려해 볼 수 있습니다. AI를 통해 매출 또는 재고자산의 변화, 고객반응의 변화 등을 조기에 감지하는 기능을 구현해 낸다면 기업의 위기 가능성을 사전에 감지하고 거기에 맞는 대응전략을 적시에 수립하는 데 도움이 될 것으로 보입니다.

03
마케팅에 AI를 활용하면 도움이 될까?

실현 가능성 ★★ / 기대효과 ★★★

마케팅 영역에 AI를 활용하면 고객과의 커뮤니케이션, 고객 분석, 시장반응 및 고객 예측에 도움을 받을 수 있습니다. 특히 소비재이면서 세부 시장 및 고객 특성에 따라 다른 반응이 나오는 제품이라면 AI가 고객 분석에 상당한 도움을 줄 수 있습니다.

마케팅업무를 수행해 본 사람이라면 시장 세분화와 목표시장 선정작업을 해 봤을 것입니다. 그럴 때 시장을 너무 세분화하면 고객별로 적절한 마케팅 프로그램을 마련하는 데 어려움을 겪게 됩니다. 각 세분화된 시장을 어떻게 정의할지도 막연할 수 있죠. 또 목표고객을 연령, 지역, 소득, 성별 등 눈에 보이는 지표가 아니라, 고객의 생활방식이나 성향을 중심으로 설정하면 시장 세분화를 해 놓고도 이게 맞나 하는 의구심이 들 수 있습니다. 야심 차게 시장조사를 해서 시장 세분화를 해 놓고도 각 세분화된 시장별로 어느 매체를 이용해 프로모션을 할지 막연한 경우도 많습니다.

이런 경우에 AI를 활용하면 고객 세분화부터 각 세분화된 고객층별 상세한 특성, 고객에게 접근할 수 있는 온·오프라인 채널까지 제안 받을 수 있습니다. 나아가 이러한 고객층을 공략하기 위한 제품 차별화 방향과 효과적인 프로모션 방향까지 추천 받을 수 있습니다.

챗GPT 역시 다음과 같이 AI를 활용하면 고객들이 소셜 미디어에 올린 이미지나 비디오 분석을 통해 고객 특성을 파악할 수 있고, 챗봇을 통해 고객과 소통함으로써 개인화된 추천까지 할 수 있다는 답변을 제시하고 있습니다.

그런데 마케팅 영역에 AI를 활용할 때 주의해야 할 사항이 있

1. **개인화된 추천** : AI는 고객 데이터와 구매이력을 분석하여 고객에게 공감할 가능성이 높은 개인화된 제품 추천을 제공할 수 있습니다.
2. **고객 세분화** : AI는 고객 간의 패턴과 특성을 식별하여 마케터가 시장의 특정 세그먼트에 맞게 캠페인을 맞춤화할 수 있습니다.
3. **예측 분석** : AI를 사용하여 고객행동을 분석하고 향후 행동을 예측함으로써 마케터가 최대 효과를 위해 캠페인을 최적화할 수 있습니다.
4. **챗봇 및 가상비서** : AI 기반 챗봇 및 가상비서는 고객문의를 처리하고 지원을 제공하여 인간 마케터가 보다 복잡한 작업에 집

중할 수 있는 시간을 확보할 수 있습니다.

5. **콘텐츠 생성** : AI를 사용하여 특정 대상 고객에 최적화된 제품 설명이나 소셜 미디어 게시물과 같은 콘텐츠를 생성할 수 있습니다.
6. **이미지 및 비디오 인식** : AI를 사용하여 이미지와 비디오를 인식하고 분석하여 마케터에게 소비자 행동 및 선호도에 대한 귀중한 통찰력을 제공할 수 있습니다.

전반적으로 AI는 마케터가 고객을 더 잘 이해하고 보다 나은 결과를 도출할 수 있는 효과적인 캠페인을 만드는 데 도움이 될 수 있습니다.

습니다. AI를 일시적 프로젝트성으로 마케팅에 활용하면 홍보효과는 얻을 수 있지만, 사실상 투입 대비 효과를 얻기는 어렵다는 점입니다. 이럴 경우 새로운 프로젝트를 진행할 때마다 데이터 수집과 분석을 위해 많은 인력을 투입해야 하는데, 한 번은 몰라도 매번 이런 식이면 AI를 활용하는 방식이 오히려 비효율적일 가능성이 높습니다.

마케팅에 AI를 활용해서 효과를 얻으려면 시장과 고객에 관한 데이터가 자동으로 구축되고 고객대응 방향에 대한 추천이 이루어져야 합니다. 그리고 데이터를 수집하는 별도의 절차 없이 필요할 때마다 고객 세분화와 목표고객 선정, 고객층별 프로모션이 가능해야 합니다.

이를 위해서는 내부적으로 축적한 데이터뿐 아니라 고객들의 소셜 미디어 활동 등을 통해 지속적으로 데이터가 수집되어야 합니다. 따라서 상당히 방대한 데이터 수집과 빅 데이터 분석이 이루어져야 마케팅에서 AI 활용에 따른 투자 대비 효과를 거둘 수 있습니다. 결론적으로 마케팅 분야는 AI 활용효과가 매우 큰 영역이지만, 이러한 효과를 보려면 상당한 수준의 투자가 필요합니다.

<스타벅스>
스타벅스 디지털 플라이휠

커피 판매업은 워낙 오래된 사업형태이다 보니 새롭게 변화될 만한 것이 별로 없어 보입니다. 스타벅스는 이런 사업 영역에서 AI를 활용해 새로운 시스템을 만들어 냄으로써 가뜩이나 특별한 브랜드 파워를 더 강화할 수 있었습니다. 바로 다음 쪽 그림과 같은 '스타벅스 디지털 플라이휠(Starbucks Digital Flywheel)'이 그것입니다.

이 시스템은 그림 우측 하단의 '주문(Ordering)'에서부터 시작됩니다. 스타벅스 고객은 '사이렌 오더(Siren order)'라는 원격 주문 애플리케이션을 이용해 평소에 자주 주문하는 메뉴를 원하는 시간에 기다리지 않고 받을 수 있습니다. 결제할 때 스타벅스 카드를 이용하면 더 많은 보상을 받을 수도 있습니다.

그런데 지금까지의 내용은 백화점이나 온라인 쇼핑에서 일반적으로 사용하는 고객 로열티 프로그램과 별 차이가 없습니다. 그럼 뭐가 다를까요?

◎ 스타벅스 디지털 플라이휠

〈출처 : ZDNet, 2017〉

고객에게 추천과 같은 서비스를 제공하기 위해 수집하는 '데이터의 범위'가 다릅니다. 단지 주문한 메뉴뿐만 아니라 장소, 날씨, 시간 등 상황에 대한 데이터가 함께 수집됩니다. 이를 통해 고객이 어떤 상황 또는 장소에서 어떤 메뉴를 선호하는지 확인하여 보다 정확한 추천을 합니다.

또 대형 음악 서비스업체인 스포티파이와 제휴해서 스타벅스 매장에서 틀어 주는 음악을 실시간으로 스타벅스 앱을 통해 검색해서 들을 수 있는 서비스도 제공하고 있습니다.

'스타벅스 디지털 플라이휠'이라는 이름에는 이와 같이 고객이 원하는 것을 좀 더 정확히 읽고, 추천하고, 편의성을 제공함으로써 고객 충성도를 강화하고 지속적으로 사업을 성장시키겠다는 의미가 담겨 있습니다. 자동차의 플라이휠이 기계 회전을 고르게 하듯이, 디지털 기술을 활용해 꾸준한 성장의 선순환구조를 만드는 수레바퀴를 구축한다는 뜻으로 이해하면 됩니다.

이 사례에 빗댈 만한 이야기가 하나 있습니다. 친구 둘이 길을 걷다가 곰과 마주치자 한 친구가 전력으로 도망을 쳤습니다. 그러자 다른 친구가 '그렇게 뛰어도 곰보다 빨리 달릴 순 없다'고 하니, 도망치던 친구가 소리치길 '곰이 아니라 너보다만 빨리 달리면 된다'라고 했답니다.

이 우화처럼 스타벅스의 사례는 AI를 활용해 엄청나게 획기적인 기술이나 서비스를 만들 필요는 없으며, 단지 경쟁자보다 좀 더 나은 서비스만 제공해도 업계 선두주자가 될 수 있다는 좋은 시사점을 보여 주고 있습니다.

04
재무(회계)관리에 AI를 활용하면 도움이 될까?

실현 가능성 ★★ / 기대효과 ★

기업 내 재무 혹은 회계부서에서 하는 업무는 소프트웨어에 대한 의존도가 점차 높아지고, 자동화되는 경향을 보이고 있습니다. 연말정산만 해도 필자가 처음 회사에 입사하던 시기에는 의료비 영수증을 연초부터 꼼꼼하게 챙겨야 했고, 신용카드 영수증도 카드사마다 별도로 신청해서 받아야 했습니다. 연말정산 청구를 하려면 이렇게 반나절 이상을 꼬박 준비해야 했죠. 그런데 지금은 어떤가요? 30분이 채 걸리지 않죠. AI를 사용하건 안 하건 앞으로도 회계 관련 업무와 회계처리 속도는 소프트웨어 고도화와 데이터 연계의 확대로 인해 점점 더 빨라질 것입니다.

그렇지만 다음 챗GPT가 정리한 내용처럼, 회계업무에 AI를 활용하면 훨씬 더 많은 효과를 볼 수 있습니다. 회계처리 오류도 더 쉽게 감지할 수 있고, 전표에 기재하는 항목도 고민할 필요 없이 AI가 가장 바람직한 방향으로 처리해 줄 수 있을 것입니다. 다만 회계 영역의 AI 도구가 모든 기업에 적용할 수 있는 보편적 기능을 제공한다는 측면에서, 이러한 효과를 얻기 위해 AI에 투자하는 것보다는 그저 시대적 흐름을 따라가는 것이 현명한 대응이라고 생각됩니다.

1. **일상적인 작업 자동화** : AI 기반 도구는 데이터 입력, 송장 처리 및 은행 조정과 같은 반복적이고 시간 소모적인 작업을 자동화할 수 있습니다. 이를 통해 오류를 줄이고 효율성을 높이며 회계 전문가가 더 많은 부가가치 활동에 집중할 수 있는 시간을 확보할 수 있습니다.
2. **사기 탐지** : AI를 사용하여 사기행위를 나타낼 수 있는 금융 데이터의 이상과 패턴을 탐지할 수 있습니다. 이를 통해 회계 전문가는 잠재적 위험을 식별하고 이를 완화하기 위한 조치를 취할 수 있습니다.
3. **예측 분석** : AI 기반 도구는 재무 데이터를 분석하여 추세를 식별하고, 미래 성과를 예측하고, 과거 패턴을 기반으로 권장사항을 제시할 수 있습니다.
4. **재무제표 분석** : AI를 사용하여 재무제표를 분석하고 위험 또는 기회 영역을 식별할 수 있습니다. 이를 통해 회계 전문가는 성과를 개선하고 위험을 줄일 수 있는 영역을 식별할 수 있습니다.
5. **세무업무** : AI를 사용하여 데이터 수집, 세금 계산 및 제출과 같은 세금 준비 작업을 자동화할 수 있습니다. 이를 통해 회계 전문가는 시간을 절약하고 오류를 줄일 수 있습니다.

전반적으로 AI는 회계 전문가가 워크 플로우를 간소화하고 오류를 줄이며 고객에게 더 가치 있는 통찰력을 제공하도록 도울 수 있습니다.

05
인사관리에 AI를 활용하면 도움이 될까?

실현 가능성 ★ / 기대효과 ★★

아직까지 인사관리 분야에서 AI를 활용하는 사례는 많지 않습니다. 하지만 AI를 활용하면 인사관리 측면에서의 공정성 확보와 구성원 만족도 향상에 도움이 될 것이라고 생각합니다. 앞서 법률 서비스에 AI를 활용하면 판결의 공정성 확보에 도움이 될 것이라고 한 예상과 유사한 경우로 볼 수 있죠.

합리적이고 공정한 채용 및 승진절차를 수립하기 위한 많은 연구와 기업들의 노력에도 불구하고 인사관리의 공정성이나 합리성에 대해 구성원들이 만족하는 기업은 거의 없을 것입니다. 그만큼 인사관리에서 공정성을 확보하고 구성원을 이해시킨다는 것은 어려운 과제입니다. 그런데 AI를 통해 직원들의 성과와 상호간 평가를 효과적으로 관리하고, 이런 데이터가 일정 수준 이상 꾸준히 축적된다면, 해당 데이터들이 그 이후의 인사관리 공정성을 상당 수준 담보하는 기업의 자산이 될 수 있을 것입니다.

다음 챗GPT의 결론처럼 AI가 인사관리를 완전히 대신하기는 쉽지 않고, 바람직하지도 않다고 생각됩니다. 그렇지만 AI가 인사관리 및 평가의 고도화에 상당한 기여를 할 수는 있다고 봅니다. 특히 대기업이라면 충분히 활용해 볼 만한 가치가 있을 것입니다.

1. **채용 및 고용** : AI는 이력서를 심사하고, 초기 인터뷰를 실시하고, 직무 요구사항 및 후보자 자격을 기반으로 최고의 후보자를 식별함으로써 채용 프로세스를 간소화하는 데 도움을 줄 수 있습니다.
2. **성과관리** : AI를 사용하여 직원성과를 모니터링 및 평가하고 피드백을 제공하며 개선 영역을 식별할 수 있습니다. 이를 통해 관리자는 보다 집중적인 코칭 및 개발기회를 제공할 수 있습니다.
3. **직원 참여** : AI는 설문조사 데이터, 소셜 미디어 활동 및 기타 관련 데이터 소스를 분석하여 직원 참여 및 만족도를 모니터링하는 데 도움을 줄 수 있습니다. 이를 통해 관리자는 참여 및 유지를 개선할 수 있는 영역을 식별할 수 있습니다.
4. **교육 및 개발** : AI를 사용하여 개별 직원의 요구사항과 학습 스타일에 따라 교육 및 개발 프로그램을 개인화할 수 있습니다. 이를 통해 직원들은 새로운 기술과 지식을 보다 빠르고 효과적으로 습득할 수 있습니다.
5. **예측 분석** : AI를 사용하여 성과검토, 이직률, 결근과 같은 직원 데이터를 분석하여 패턴을 식별하고 향후 결과를 예측할 수 있습니다. 이를 통해 관리자는 인사관리에 대해 정보에 입각한 결

정을 내릴 수 있습니다.

AI가 인간 관리자를 완전히 대체하는 것이 아니라 의사결정 프로세스를 강화하고 지원하는 도구로 사용해야 한다는 점에 유의하는 것이 중요합니다. 궁극적으로 효과적인 인사관리에는 인간의 직관과 AI 기반 통찰력의 조합이 필요합니다.

06
판매관리에 AI를 활용하면 도움이 될까?

실현 가능성 ★★★ / 기대효과 ★★★

여러분 중에는 세일즈포스닷컴이라는 기업 이름을 들어 보거나, 이 기업의 솔루션을 사용해 본 사람이 있을 것입니다. 대부분의 기업이 고객관리와 판매관리를 중요하게 생각하고, 여기에 도움이 되는 솔루션이라면 투자할 가치가 있다고 생각합니다. 그렇기 때문에 세일즈포스닷컴이 고객관리와 판매관리에 용도가 제한된 소프트웨어를 제공하는 업체임에도 불구하고 200조 원이 넘는 기업가치를 가질 수 있었습니다.

판매관리는 다수의 최종 고객을 직접 상대하는 영역과 대리점, 유통점이나 기업 고객을 상대하는 영역으로 구분할 수 있습니다. 이 중에서 후자의 경우가 AI를 활용하여 효과를 거둘 수 있는 영역입니다. 키 어카운트(Key Account, 핵심적인 대형 고객) 중심으로 고객과의 커뮤니케이션 및 거래 관련 데이터를 내부에 축적하고, 챗봇과 같은 자동화된 커뮤니케이션을 통해 고객이 보다 쉽게 요구사항을 전달하고 확인할 수 있게 한다면 비교적 적은 투자로도 고객 니즈를 조기에 파악하고 판매관리 역량을 향상시키는 효과를 거둘 수 있습니다.

챗GPT도 다음과 같이 판매관리 분야에 AI를 활용했을 때의 효과에 대해 자신감 있는 의견을 내놓았습니다.

1. 리드 스코어링 및 우선순위 지정 : AI를 사용하여 고객 데이터를 분석하고 어떤 리드가 판매로 전환될 가능성이 가장 높은지 식별할 수 있습니다. 이를 통해 영업팀은 노력의 우선순위를 정하고 판매로 이어질 가능성이 가장 높은 리드에 집중할 수 있습니다.
2. 개인화 : AI는 고객 선호도 및 행동에 대한 데이터를 분석하여 고객경험을 개인화하는 데 사용할 수 있습니다. 이를 통해 영업팀은 개별 고객의 특정 요구사항을 충족하기 위해 메시징 및 제품을 맞춤화할 수 있습니다.
3. 판매 예측 : AI를 사용하여 과거 판매 데이터, 시장동향 및 기타 관련 요인을 기반으로 판매수익을 예측할 수 있습니다. 이를 통해 영업팀은 향후 판매를 계획하고, 필요에 따라 전략을 조정할 수 있습니다.
4. 고객 참여 : AI는 고객 상호작용을 분석하고 개인화된 권장사항 및 제안을 제공하여 고객 참여를 향상하는 데 사용할 수 있습니다. 이를 통해 고객과 더 강력한 관계를 구축하고 고객 충성도

를 높일 수 있습니다.

5. **영업 프로세스 최적화** : AI를 사용하여 영업 프로세스를 간소화하고 최적화할 수 있는 영역을 식별할 수 있습니다. 이를 통해 영업팀은 보다 효율적이고 효과적으로 작업하여 영업 생산성과 수익을 높일 수 있습니다.
6. **판매실적 분석** : AI를 사용하여 판매실적 데이터를 분석하고 추세와 패턴을 식별할 수 있습니다. 이를 통해 영업팀은 무엇이 효과가 있고 무엇이 그렇지 않은지 이해하고 성과를 개선하기 위해 데이터 기반 의사결정을 내릴 수 있습니다.

전반적으로 AI는 영업 관리자가 데이터 기반 의사결정을 내리고, 고객 경험을 개인화하고, 영업 프로세스를 최적화하고, 영업성과를 개선하는 데 도움이 될 수 있습니다.

<세일즈포스닷컴> 아인슈타인

영업용 소프트웨어 전문업체인 세일즈포스닷컴은 2017년에 '아인슈타인(Einstein)'이라는 AI 서비스를 출시했습니다. 간단히 말해 이 서비스는 클라우드 데이터베이스(DB)에 모아 둔 데이터를 활용하여 영업에 필요한 가이드라인을 제공하는 것이라고 할 수 있습니다. 이 서비스의 대략적인 기능은 다음과 같습니다.

- 모아 둔 과거 영업 데이터를 기반으로 향후 판매량을 객관적으로 예측하는 기능
- 기회 스코어링(Opportunity Scoring) : 향후 고객의 구매 가능성과 그 기회의 가치 및 중요도의 우선순위를 정해 정렬하는 기능
- 뉴 오더 매니지먼트(New Order Management) : 각 매장 및 창고 재고와 생산자가 직송하는 경우를 포함한 재고현황과 고객수요 정보를 연결하여 재고 부족을 미연에 관리하게 도와 주는 기능

또한 세일즈포스닷컴은 최근에 챗GPT 기능을 추가한 '아인슈타인GPT'와 마이크로소프트의 AI 비서 서비스인 '코파일럿'을 도입하기도 했습니다. 코파일럿은 대화형 서비스로서, 세일스포스닷컴 내부에 축적된 데이터를 기반으로 각종 마케팅 관련 분석 결과를 제공할 수 있습니다.

이 기업이 아인슈타인이라는 종합 고객관리 서비스 기능을 제공할 수 있었던 이유는 업계 선두주자로서 이미 광범위한 영업 관련 솔루션을 구축해 놓았기 때문으로 볼 수 있습니다. 구글이나 마이크로소프트가 경쟁업체보다 많은 데이터를 기반으로 범용적인 AI 서비스를 제공할 수 있었던 것과 같은 이치라고 볼 수 있겠죠.

AI를 활용하면 고객 관련 데이터의 가공과 분석이 쉬워지고, 이를 통해 보다 나은 고객 및 시장반응 예측을 할 수 있습니다. 하지만 이를 위해서는 먼저 기초적인 고객 관련 데이터가 광범위하게 축적되어 있어야 하고, 또 이를 분석하기 위한 소프트웨어가 구축되어 있어야 합니다.

07
고객서비스에 AI를 활용하면 도움이 될까?

실현 가능성 ★★★ / 기대효과 ★★

고객서비스 영역에서는 이미 AI가 활발하게 활용되고 있으며, 그만큼 많은 변화가 일어나고 있습니다. 앞으로도 고객서비스의 중요성과 투자비용이 큰 통신사, 금융권, 대형 가전업체 등의 산업 분야를 중심으로 AI의 활용범위가 지속적으로 확대될 것으로 보입니다. 향후에는 AI의 성능이 콜 센터 상담원이 사람인지 AI인지 구분할 수 없는 수준까지 개선될 것으로 예상됩니다.

시리(SIRI)와 같은 '범용' 음성 AI 서비스의 경우 출시된 이후 오랜 시간이 지나도록 별다른 개선이 보이지 않습니다. 일반 사용자가 질문하는 내용은 매우 광범위해서 서비스를 업그레이드하더라도 나아진 것을 피부로 느끼기 어렵기 때문입니다. 이와 달리 질문범위와 답변이 제품이나 서비스에 대한 문의나 불만사항으로 '한정된' 고객서비스 영역에서는 훨씬 빠른 시간 안에 AI 서비스가 상용화될 것으로 예상됩니다. 다만 일반 기업이 개별적으로 활용할 수 있는 솔루션에는 큰 발전이 없을 듯하고, 음성 인식과 챗봇 기능을 고도화한 기업이 제공하는 표준화된 범용 솔루션을 활용하게 될 가능성이 높아 보입니다. 이미 챗봇을 활용한 서비스의 사용이 확산되고 있기는 하지만, 이러한 서비스를 중소기업이 활용할 수 있는 시기는 보다 범용적이고 사용하기 쉬운 솔루션이 나온 이후가 될 것으로 생각됩니다.

챗GPT는 다음과 같이 고객서비스 영역에서의 AI의 첫 활용처로서 챗봇 및 가상 도우미 서비스를 언급하고 있습니다. 이에 덧붙여 AI 활용의 기회 영역으로 콜 센터 자동화 및 고객감정 분석을 통한 고객불만 사전 대응, 고객경험 개인화와 예측 분석 등 보다 발전된 고객응대 방법을 제시하고 있습니다.

1. **챗봇 및 가상 도우미** : AI 기반 챗봇 및 가상 도우미를 사용하여 고객에게 즉각적이고 개인화된 지원을 제공할 수 있습니다. 일상적인 문의를 처리하고 일반적인 질문에 빠르고 정확한 답변을 제공하여 상담원이 보다 복잡한 문제를 처리할 수 있도록 합니다.
2. **감정 분석** : AI를 사용하여 고객 피드백과 소셜 미디어 상호작용을 분석하여 고객감정을 이해하고 개선 영역을 식별할 수 있습니다. 이를 통해 기업은 고객 문제를 사전에 해결하고 전반적인 고객 만족도를 높일 수 있습니다.

3. 개인화 : AI는 고객 데이터를 분석하고 개인화된 추천 및 제안을 제공함으로써 고객경험을 개인화하는 데 사용할 수 있습니다. 이를 통해 고객과 더 강력한 관계를 구축하고 고객 충성도를 높일 수 있습니다.
4. 고객서비스 자동화 : AI는 티켓 라우팅 및 추적, 약속 예약, 주문 처리와 같은 일상적인 고객서비스 작업을 자동화하는 데 사용할 수 있습니다. 이는 응답시간을 줄이고 전반적인 효율성을 향상시키는 데 도움이 됩니다.
5. 예측 분석 : AI를 사용하여 고객행동을 예측하고 잠재적인 문제가 발생하기 전에 식별할 수 있습니다. 이를 통해 기업은 고객의 요구사항을 사전에 해결하고 적시에 솔루션을 제공할 수 있습니다.
6. 음성 도우미 : AI 기반 음성 도우미를 사용하여 핸즈프리 고객지원을 제공함으로써 고객이 다른 작업을 수행하는 동안 도움을 받을 수 있습니다. 이를 통해 고객 편의성이 향상되고 전반적인 고객경험이 향상됩니다.

전반적으로 AI는 기업에 보다 빠르고 개인화되고 효율적인 고객관리를 제공하여 고객 만족도와 충성도를 높이고 비용을 절감하도록 도울 수 있습니다.

<이케아>
AI 챗봇, 빌리

이케아(IKEA)의 AI 챗봇 '빌리(Billie)'는 콜 센터 문의의 47%를 담당하고 있습니다. 빌리는 이런 기능을 통해 이케아가 콜 센터 직원의 직무를 인테리어 디자인 어드바이저로 전환시킬 정도로 콜 센터 업무를 감소시켰습니다. 이 기업은 2021년부터 8,500명의 콜 센터 직원의 직무를 인테리어 디자인 어드바이저로 전환시켜서 인테리어 디자인 서비스사업의 영역을 미국과 영국까지 확장한 것으로 알려져 있습니다.

빌리는 고객의 단순 질문에 대한 응대 서비스를 담당하는 챗봇입니다. 통상적인 콜 센터에 들어오는 상당수의 질문이 단순 문의라는 점을 감안하면, 이러한 문의의 50% 정도를 챗봇이 담당하게 하는 것은 충분히 가능한 수준이라고 생각됩니다. 다만 고객은 불편할 수 있겠죠.

빌리는 완전한 문장뿐 아니라 간단한 단어나 문구에도 대응이 가능하기 때문에 편의성은 어느 정도 확보하고 있습니다. 하지만 그렇더라도 50%에 가까운 문의를 대응하게 하려면 고객 입장에서 챗봇 말고 다른 대안이 없게 해야 합니다. 아직까지 챗봇이 사람의 일을 완전히 대체하게 하는 데는 한계가 있습니다. 사람마다 질문하는 방식과 답변을 이해하는 방식이 다르고, 아무리 간단한 질문이라도 챗봇이 그 질문의 컨텍스트를 완전히 반영해서 대답하기는 그리 쉽지 않습니다.

결론적으로 이케아의 사례는 매우 성공적이고 배울 만은 하지만 기술적으로 앞서 있거나 의미가 있다고 보기는 어렵습니다. 다만 다소의 고객 불편이 발생하더라도 콜 센터 서비스를 과감하게 챗봇으로 바꿨다는 점에서는 시사하는 바가 크다고 할 수 있습니다. 이 사례처럼 디지털 전환은 기술적인 준비도 필요하지만 전략적으로 과감한 변화를 추구하는 것이 더 중요하다고 생각됩니다.

08
어떤 영역에 먼저 활용하는 게 좋을까?

지금까지 각 경영활동별로 AI를 활용하면 어떤 효과를 기대할 수 있는지 살펴봤습니다. 결론적으로 실현 가능성과 기대효과를 기준으로 우선순위를 정한다면 '판매관리'에 AI를 도입하는 것이 가장 효과가 크다고 볼 수 있습니다.

판매관리 다음으로는 '고객서비스'와 '마케팅'이 실현 가능성과 기대효과 측면에서 AI 도입의 효용이 높은 분야로 볼 수 있습니다. 둘 중에 비교한다면, 기업의 상황에 따라 차이는 있을 수 있지만 아무래도 단기적으로 효과를 기대할 수 있는 고객서비스가 좀 더 우선순위가 높다고 할 수 있습니다. 그렇지만 장기적인 기대효과는 마케팅 영역이 훨씬 클 수 있기 때문에 당장은 효과가 미미하더라도 마케팅 영역에 꾸준한 투자를 하는 것이 바람직하다고 생각됩니다.

기타 '재무(회계)'와 '인사관리' 영역에서는 개별 기업에 특화된

⚙ 경영관리에 대한 AI 도입 우선순위 매트릭스(실현 가능성x기대효과)

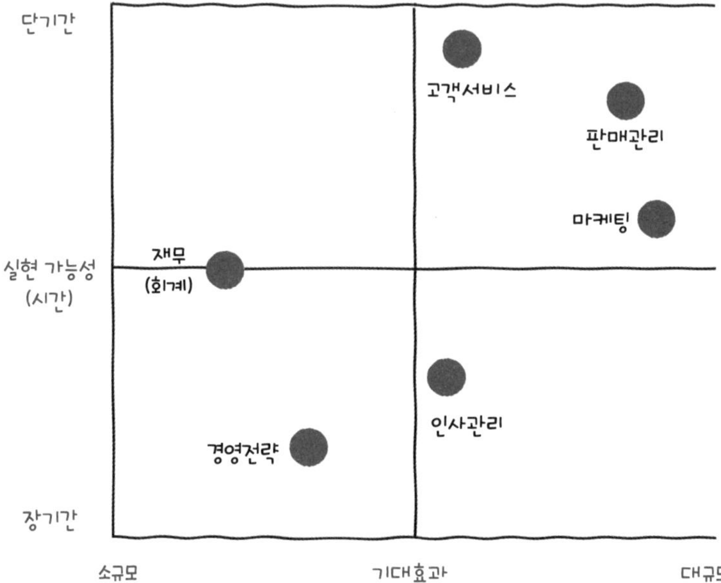

솔루션을 자체 개발하는 것보다는 내부적으로 관리수준을 높이고 데이터를 축적한 후, 범용 솔루션이 출시되면 기대효과를 고려하여 도입을 추진하는 것이 적절해 보입니다.

3부
AI를 실제 경영현장에 적용해 보자

1부와 2부에서는 AI가 무엇이며, 어떤 분야에서 사용할 수 있는지 알아봤습니다. 그럼 자연스럽게 'AI가 사업에 도움이 되는 건 알겠는데, 그럼 우리 기업은 어떻게 해야 하지?'라는 다음 질문으로 이어질 것입니다. 이에 대해 규모가 큰 기업이라면 AI 도입을 검토하고 투자하기가 상대적으로 쉬울 수 있습니다. 반면 규모가 작은 기업이라면 당장에 도입효과도 알 수 없는데 AI 활용을 추진하기가 상당히 부담스러울 수밖에 없습니다. 국내 기업들의 AI 도입비율이 신기할 정도로 낮은 데는 바로 이처럼 투자 대비 효익에 대한 확신이 없다는 것이 가장 큰 원인이라고 생각됩니다. 국내 기업들이 확신을 갖지 못하는 이유 중 하나는 그간 ERP를 필두로 한 다양한 IT 인프라 시스템을 구축한 결과 별다른 효익을 얻지 못했던 데 있지 않을까 추측해 봅니다.

IT 인프라를 구축하면 초기에 많은 금액이 들어가는 반면 그에 따른 효익은 시간이 지남에 따라 천천히 발생합니다. 게다가 경영자나 구성원이 관심을 가지고 적극적으로 활용하지 않으면 기대했던 효익도 누리기 어렵습니다. 이런 경험을 해 본 경영자라면 경영활동에 AI를 도입하는 것을 또 다른 IT 인프라 구축으로 인식하여 당연히 망설일 수밖에 없습니다.

하지만 AI 도입은 다른 관점에서 바라볼 필요가 있습니다. ERP와 같은 IT 인프라는 기업별 특성을 반영하긴 하지만 기본적으로 정형화된 패키지를 기반으로 적용합니다. 이와 달리 AI는 각 산업이나 적용 분야에 따라 다양한 모습으로 구현할 수 있습니다. 한 번에 모든 분야에 도입할 필요 없이 기능별로 적용할 수도 있고, 적용 정도도 각 기업 현실에 맞춰 정할 수 있습니다. 따라서 경영자 입장에서 AI를 일단 작은 규모라도 적용해 보고 단계적으로 활용도를 높이는 것이 합리적인 활용방식이라고 할 수 있습니다.

3부에서는 이러한 관점을 기준으로 경영현장에 AI를 도입하기 위해 알아야 할 내용을 살펴보겠습니다.

01 AI 활용효과를 높이는 7단계 접근방법

아직 AI를 도입하지는 않았지만, AI를 활용했을 때의 효과와 사용할지 여부를 심각하게 검토해 본 기업이 있을 것입니다. 이와 관련해 글로벌 컨설팅기업인 맥킨지가 매년 실시하는 '각국 주요 기업에 대한 AI 사용실태' 설문조사의 2022년 결과를 보면, 다음 그림과 같이 2019년까지는 AI를 도입한 기업의 비중이 계속 증가하여 2019년 기준 50%를 상회했습니다. 하지만 이후 3년 간은 AI 도입 기업의 비중이 정체되거나 오히려 약간 줄어드는 듯한 모습을 보였습니다. 그리고 2021년을 정점으로 해서 도입 기업 내에서 AI를 적용하는 분야도 줄어드는 모습을 보이고 있습니다. 이 결과를 보면 기업의 AI 도입이 포화상태에 도달했다고도 볼 수 있습니다.

⚙ AI 도입 기업 사례

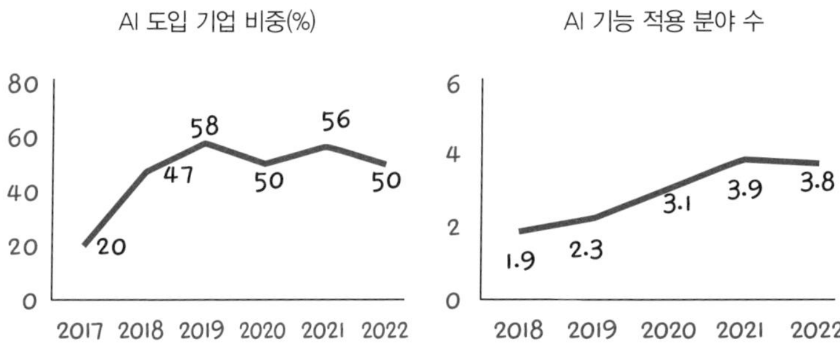

〈출처 : McKinsey, 〈The state of AI in 2022-and a half decade in review〉, 2022.12〉

그러면 국내의 경우는 어떨까요? 산업연구원이 조사한 자료(산업 인공지능의 기술 경쟁력과 정책 시사점, 2022)에 의하면 상용근로자 50인 이상, 자본금 3억 원 이상인 법인 중 AI(인공지능)를 도입한 기업의 수는 3.5%에 불과했습니다. 또한 KISDI(정보통신정책연구원)가 2021년에 시행한 'AI에 대한 기업체 인식 및 실태조사' 결과에 의하면 AI를 도입하지 않은 기업 중 향후에도 도입할 의사가 없다고 응답한 곳이 89%에 달했습니다. IBM이 2022년에 조사한 결과 보고서에서도 우리나라 기업의 AI 도입률은 조사국가 중 최하위 수준이었습니다. 중국과 비교하면 1/3 수준이었죠.

우리 기업들이 AI 도입효과가 없다고 생각하기 때문에 이런 결과가 나왔을까요? KISDI의 조사에서 AI 도입 기업 중 87%가 경영성과에 도움이 되었다고 평가하고 있는 걸 보면 꼭 그렇지는 않아 보입니다. 이들 기업 중 90.7%는 AI를 지속적으로 사용하거나, 사용을 확대할 의사가 있음을 밝히기도 했습니다.

이렇게 AI 도입 기업들의 만족도가 높은데 상당수의 기업들이 도입을 주저하는 이유는 뭘까요? 여러 이유 중 도입비용에 대한 우려가 41%로 가장 높게 나타났습니다. 다음으로 AI로 인한 사고책임 소재의 불명확성(27.2%), 데이터 활용에 대한 엄격한 규제(14.4%) 등 AI 도입으로 발생할 수 있는 여러 이슈에 대한 우려가 컸습니다. 기타 AI 도입에 따른 인력 채용 및 내부 역량 부족 등이 도입을 주저하는 이유로 언급되었습니다.

이 중에서 도입비용에 대한 우려는 그만큼의 효과를 얻을 자신이 없다는 의미로 해석할 수 있습니다. 사실 기업 입장에서는 고가의 AI 솔루션을 도입하는 것이 부담될 수밖에 없습니다. 단지 AI 소프트웨어만 산다고 될 일이 아니라, 기업 내·외부 데이터 수집을 위한 IoT 센서 네트워크와 데이터 관리를 위한 클라우드 플랫폼까지 구축해야 하기 때문이죠.

또한 대기업이라면 너무 당연하고 상식적인 내부 IT 인력 확보 문제도 중소규모 기업 입장에서는 상당히 고민될 수밖에 없습니다. 별도 IT 인력을 뽑을 만큼 상시적인 업무가 있을지, 원하는 수준의 인재가 입사해 줄지도 의문이죠. 특히 AI 전문가의 몸값은 다른 직종과는 확연히 차이가 날 정도로 높은 수준입니다.

그러면 어떻게 하면 도입비용을 넘어서는 효과를 창출할 수 있을까요? 이를 위해 다음과 같이 AI 도입효과를 높일 수 있는 적용 단계를 제안합니다.

1단계 : 목표를 명확히 하라.
2단계 : 데이터를 모으는 방법을 찾아라.
3단계 : 쉬운 방법부터 시작하라.
4단계 : 사람 손이 가는 프로세스를 최소화하라.
5단계 : 경영진이 관심을 가져라.
6단계 : 성과를 측정하고 업그레이드하라.
7단계 : 연결하고 확장하라.

AI 적용단계 ① 목표를 명확히 하라

기업에서 AI를 활용해서 뭔가 해보자고 할 때는 가장 먼저 'AI 도입에 따른 목표'를 명확히 세워야 합니다. 이를 위해서는 기업의 현재 상황을 정확히 파악하는 것이 중요합니다. 즉, AI를 활용했을 때 뭔가 달라질 수 있는 영역이 어디인지를 찾아보고, 이를 적용했을 때의 효과를 예측해 보는 것이 맨 먼저 해야 할 일입니다.

AI를 통해서 얻을 수 있는 것은 한마디로 '① 보다 정확한 정보를 ② 실시간으로 제공받는 것'입니다. '① 정확한 정보'란 복잡한 이론이나 의견이 아닌 '단답형의 결론'을 말합니다. 사람 또는 AI가 포함되지 않은 모니터링 장비가 판단하는 것보다 짧은 시간에 보다 정확한 정보를 얻을 수 있다면 AI 활용의 기회가 있다고 할 수 있습니다. 따라서 정보의 복잡도가 높아 판단하는 데 상당한 경험이 필요하거나, 해당 정보와 비교해 볼 여러 정보가 필요하고 사람의 판단으로는 100%의 정확도를 가질 수 없는 경우라면 AI

도입이 확실히 도움이 될 수 있습니다. 예를 들어 제품의 마무리 상태를 요모조모 살펴 가며 점검해야 하는데 사람 눈만으로는 결점을 놓칠 우려가 있는 경우, 지도학습으로 학습시킨 AI로 하여금 카메라를 통해 얻은 데이터를 이용해 점검하게 하는 것이 훨씬 효율이 높아질 수 있습니다.

그리고 이에 대한 정보를 '② 실시간으로 제공 받는 것'이 AI를 통해 얻게 되는 또 하나의 효과입니다. 예를 들어 공장에 이상현상이 발생하면 일반적으로 경보가 울리고 나서 조치하는 식으로 대처하게 됩니다. 문제는 현장에서 이렇게 경보가 울리면 전체 라인이 멈춰 서고, 이상현상을 찾아 해결할 때까지는 기다릴 수밖에 없다는 것입니다. 반면에 AI가 IoT 센서 등을 통해 기계의 가동현황에 대한 데이터를 실시간으로 전달 받는다면 이상현상이 발생하기 전에 위험수준에 이르렀음을 미리 경고하게 할 수 있습니다. 이럴 경우 전체 라인을 멈추지 않고도 적절한 시점에 기계를 수리하거나 부품을 교체할 수 있을 것입니다.

제조 영역뿐만 아니라 마케팅 영역에서도 실시간 정보 제공의 효과를 볼 수 있습니다. AI를 이용해 사용자의 제품 또는 서비스 이용상황과 불만족 등의 고객반응 정보들을 실시간으로 확인할 수 있다면 보다 빠르고 올바른 의사결정을 통해 시장상황에 대응할 수 있기 때문이죠.

그런데 만약 불확실한 상황에서 정보의 정확도를 높이거나, 정보를 실시간으로 제공 받는 것이 기업 운영에 크게 도움이 되지 않는 경우라면 직관적으로 AI 사용을 통해 얻을 수 있는 기대효과가 없습니다. 기업의 상황이 이런 경우에 해당한다면 AI 도입 여부를 다시 생각해 볼 필요가 있습니다.

일반적으로는 대부분의 기업, 특히 제조업체의 경우 제조 각 공정이나 마케팅, SCM 전반에 걸쳐서 살펴보면 분명히 AI를 통해 효과를 기대할 수 있는 영역을 발견할 수 있을 것입니다. 복잡하게 생각할 필요 없이 위에서 제시한 2가지 AI 도입효과를 기준으로 우리 기업이 어떤 영역에서 어떤 효과를 얻을 수 있을지를 판단해서, 그에 따른 목표를 세워 보기 바랍니다.

AI 적용단계 ② 데이터를 모으는 방법을 찾아라

AI 활용을 위한 가장 핵심적인 활동은 바로 '데이터를 모으는 것'입니다. 아무리 기대효과가 높더라도 데이터를 모을 수 있는 적절한 방법이 없다면 AI 활용 자체가 불가능합니다. 아쉽게도 AI 도입 전에 AI를 활용할 만한 데이터를 갖추고 있는 기업은 거의 없습니다. 특히 중소기업이라면 평소 관리하는 데이터 수가 많지 않기 때문에 AI 활용에 필요한 데이터를 갖추고 있을 가능성이 매우 낮습니다.

따라서 AI를 활용하려면 우선 데이터를 모으는 방법과, 그 데이터를 분석하고 결과를 도출하기 위한 AI 학습방법은 무엇인지부터 확인해야 합니다. 이 과정에서 목표를 이루기 위한 투자금액과 데이터를 모으는 시간이 얼마나 필요한지를 자연스럽게 확인하게 됩니다. 그러면 투자금액 및 기간 대비 기대효과와 함께 ROI(투자수익률)도 자연스럽게 확인할 수 있습니다.

ROI 공식은 간단하게 '투자금액 대비 금전적인 효과를 비교'하는 것이 바람직합니다. 물론 투자기간이 길어지면 자연스럽게 투자금액도 증가하겠지만 굳이 변수를 늘려서 의사결정의 복잡도를 증가시킬 필요는 없겠죠. 따라서 일부 예외는 있을 수 있지만, 투자 대비 효율을 따질 때는 투자기간을 제외한 투자금액과 효과만 확인하는 것이 바람직하다고 생각합니다. 전반적인 데이터 확보에 드는 비용과 위험(Risk)을 확인하려면 일반적으로 아래 요소들을 고려해야 합니다.

① 데이터 확보 가능성
② 데이터의 양과 질
③ 데이터의 사적 비밀과 개인정보 보호 문제
④ 데이터의 휘발성

① 데이터 확보 가능성

데이터 확보 가능성을 파악할 때는 이미 확보했거나 수집하고 있는 데이터가 어느 정도인지와 외부에서 확보 가능한 데이터가 있는지도 확인해야 합니다. 예를 들어 범용적인 기능을 가진 AI 솔루션을 도입한다면 이미 해당 솔루션 내에 서비스 제공을 위해 자체적으로 준비한 데이터가 있을 수 있습니다. 그 밖에 사용 가능한 타 기업의 데이터가 있을 수도 있습니다. 이럴 경우 정확한 결과 산출을 위해 필요한 내부 데이터의 양이 훨씬 줄어들 수 있고, 솔루션에 포함된 데이터 등을 이용해 사전에 예상효과를 테스트해 볼 수도 있습니다. 따라서 예상효과가 다소 불확실하다면 위와 같은 사전 테스트를 통해 검증해 본 후에 AI 도입을 적극적으로 추진해도 될 것입니다.

② 데이터의 양과 질

수집하는 데이터의 양과 질도 고려해야 합니다. 지금은 빅 데이터 분석을 통해 다양한 비정형 데이터를 걸러 내고 필요한 데이터를 찾아낼 수 있다고 합니다. 하지만 그렇더라도 데이터가 어느 정도 유사한 특성이 있어야 일정한 방향성이나 의미가 있는 데이터를 선정할 수 있습니다. 아무리 빅 데이터 분석역량이 향상되었더라도 종잡을 수 없을 정도로 많은 형태의 데이터를 축적하면 AI 로직만 복잡해지고, 분석 결과의 정확도도 떨어질 수밖에 없습니다. 따라서 일정 수준의 정확도를 구현하는 데 필요한 데이터의 양과 데이터의 균일성이 높은지를 살펴보고, 그렇지 않다면 AI 도입을 미루는 것이 더 바람직한 결정이라고 생각됩니다.

③ 데이터의 사적 비밀과 개인정보 보호 문제

활용하려는 데이터에 개인정보 보호 등의 이슈가 있는지 살펴봐야 합니다. AI 도입을 위해 활용하려는 내·외부 데이터에 대한 동의절차 및 사용범위를 고려하여 관련 이슈에 해당하는지 여부를 확인해야 합니다.

④ 데이터의 휘발성

사용하려는 데이터가 측정과 저장이 가능하더라도 기존에는 보관하지 않았던 휘발성 데이터일 경우에는 사전에 해당 데이터들을 어느 정도 저장하고 사용할지에 대해 정확히 정의해야 합니다. 이런 정의가 막연하면 마땅한 활용처를 찾을 수 없는 데이터가 쌓이게 됨으로써 결국 이러지도 저러지도 못하는 상황이 생길 수 있습니다. 예를 들면 이런 경우에 임의로 데이터를 삭제했다가 해당 데이터를 사용할 수 있는 새로운 활용처가 나오는 바람에 질책을 당할까 봐 결국 데이터 저장비용이 드는 데도 저장을 중단하지 못하는 상황이 흔치 않게 벌어지곤 합니다. 따라서 만일 이런 상황에 놓여 있다면 무조건 데이터를 확보하고 보자는 접근법보다는 꼭 필요한 데이터 중심으로 저장하고, 추후 다른 데이터가 필요할 경우 추가하는 것이 합리적인 접근법입니다.

이와 같이 데이터를 모으는 방법과 관리 시 고려해야 하는 요소들을 정리하고 나면 AI 도입에 따른 예상 투자금액과 기대효과를 어느 정도 가늠할 수 있고, 이를 토대로 AI 투자에 대한 의사결정을 할 수 있습니다.

AI 적용단계 ③ 쉬운 방법부터 시작하라

AI에 투자하기 위한 여러 실행대안이 있다면 어느 것부터 시작해야 할까요? 너무나 당연한 말이겠지만, 기대효과가 크고 투자규모도 큰 대안보다는 투자 대비 상대적 기대효과, 즉 ROI가 작더라도 투자규모가 작은 대안부터 시작하는 것이 바람직합니다. 일반적으로 새로운 AI 솔루션에 투자할 경우 경험하지 못한 이슈가 발생함에 따라 기대보다 성과가 떨어지는 경우가 많기 때문입니다. 특히 솔루션의 복잡도가 높은 경우에는 제대로 된 성과를 내기 위한 조건 역시 더 까다로워질 수밖에 없습니다.

필자가 경영 컨설턴트로 근무했을 때 최적화 솔루션에 대해 매우 부정적인 인식을 가진 클라이언트를 만난 적이 있습니다. 그 클라이언트는 과거에 정교한 물류 네트워크 최적화 솔루션 제공업체의 제안서가 매우 인상적이어서 해당 솔루션을 도입하려고 한 적이 있었다고 했습니다. 그런데 해당 업체에서 솔루션을 도입하려면 데이터 3,000개가 필요하다고 해서 확인해 보니 노력하면 1,000개까지는 제공할 수 있을 것 같았습니다. 이에 그 클라이언트가 솔루션업체에 '나머지 2,000개는 관리하는 데이터도 아니고 확인 가능한 데이터도 아닌데 1,000개로는 제대로 된 결과를 낼 수 없느냐'고 물었더니 '장담할 수 없다'는 대답이 돌아와서 결국 도입을 중단했다고 합니다. 이런 사연을 필자에게 털어놓은 그 클라이언트는 '그 정도 데이터를 관리할 역량이 있었다면 아마 솔루션업체를 찾지 않고 직접 내부적으로 개발했을 것'이라는 말도 덧붙였습니다.

이 사례처럼 패키지화되어 있는 AI 솔루션이나 플랫폼은 AI를 처음 도입하는 기업, 특히 중소기업에는 잘 맞지 않을 가능성이 높습니다. 따라서 이런 기업이라면 여러 기능에 대한 솔루션을 제공할 수 있을 뿐 아니라 소규모 솔루션도 제공할 수 있는 업체와 협업하는 방법을 추천합니다.

결론적으로 AI를 도입할 때는 상대적으로 투자금액이 적은 대안부터 시작하기를 권합니다. 그래야 AI 도입효과를 확인하는 한편, 추가로 확보해야 할 내부적인 필요 역량 등의 미비점을 적은 투자만으로 보완할 수 있습니다. 나아가 이러한 경험을 바탕으로 추후 AI의 적용 분야를 효율적으로 확장할 수 있습니다.

AI 적용단계 ④ 사람 손이 가는 프로세스를 최소화하라

만일 기업에서 AI를 도입할 경우 AI를 담당할 인력을 따로 뽑아야 하고, AI 활용에 필요한 데이터를 축적 · 관리 · 분석하는 각 업무에 인력을 투입해야 한다면 AI를 도입하지 않을 것을 권합니다. AI가 현장에 녹아 들고 적극적으로 이용되기 위해서는 사용방식이 간편하고, 가능하면 직원이 주기적으로 시간을 내서 뭔가를 챙겨야 할 필요가 없는 상황을 만들어야 하기 때문입니다.

ERP(전사적 자원관리) 등 기업관리 시스템이 구축되어 있고, 그 안에서 데이터를 뽑아 기존에 하던 일에 가이드라인을 제시하거나 자동적으로 일 처리하는 구조를 만들었다면 굳이 사람의 실행력을 고민할 필요가 없습니다. 그렇지만 대부분의 중소기업에는 사내 인트라넷으로 사용하는 프로그램 외에 추가적인 관리 인프라가 거의 없습니다. 이런 상황에서 AI를 도입해서 활용하려면 별도의 인프라 및 프로그램이 필요해지게 됩니다. 이런 경우 사람이 데이터를 입력하거나 모니터링하고 보고하는 절차를 최소화해야 AI 활용에 따른 효용성을 높일 수 있습니다.

일반적으로 직원들은 기존에 일하는 방식을 유지하려는 경향이 높고, 심지어 프로세스를 효율화하더라도 기존의 일 처리 방식이 편하다고 생각합니다. 따라서 AI의 활용도를 높이려면 AI 도입에 따라 직원들이 기존 일 처리 방식을 바꾸거나 뭔가 새로운 일을 해야 할 가능성을 최소화해야 합니다.

AI 적용단계 ⑤ 경영진이 관심을 가져라

최고경영진 중에는 내부 시스템을 잘 이용하지 않고 문서보고를 선호하는 경우가 있습니다. 하지만 ERP나 SCM, CRM 등 기업의 운영관리 시스템은 최고경영진의 관심 정도에 따라 조직에 체화되고, 경영에 실질적으로 도움이 될 가능성이 높아집니다.

삼성전자의 경우 최고경영진의 SCM에 대한 이해도가 매우 높습니다. 이 기업의 최고경영진들은 집에서도 직접 SCM을 확인하고, 보고서가 아니라 SCM 시스템을 이용해서 직접 현황을 체크하기도 합니다. 그러다 보니 직원들의 SCM 이해도가 올라가고, 최고경영진이 원하는 정보를 SCM을 통해 확인할 수 있도록 고도화되었으며, SCM 소프트웨어의 사용성도 개선되었습니다. 결과적으로 SCM이 삼성전자의 핵심 경쟁력 중 하나이자, 다양한 제품군에 수많은 모델을 무리 없이 관리할 수 있는 기반이 되었습니다.

AI를 활용할 때도 마찬가지입니다. 최고경영진이 사람에게서 보고 받지 않고 AI가 결과물을 만들어 내는 과정을 직접 확인해야 AI에 대한 직원들의 관심도를 높일 수 있습니다. 만약 기업 형편상 아직은 AI를 직접 활용하기 어려운 상황이라면 내부 보고서 작성에 챗GPT와 같은 생성형 AI를 사용하게 하는 것도 직원들의 관심을 높이는 데 도움이 될 수 있습니다.

최고경영진의 관심은 중장기적으로 AI를 성공적으로 활용하는 데 있어서 가장 큰 영향을 미치는 요소입니다. AI를 활용하면 좋다고 하니 사용을 승인하는 정도가 아니라, 경영진 스스로 적극적으로 활용하고 개선점을 지적해 가면서 변화를 유도해야 합니다.

AI 적용단계 ⑥ 성과를 측정하고 업그레이드하라

AI를 도입할 때부터 성과를 어떻게 측정할지 미리 정해야 합니다. 이와 함께 성과에 따라 어떻게 대응할지도 정해 놓아야 합니다. 가능하면 AI를 계속 사용하는 것이 더 나을지를 최종적으로 판단하는 일종의 마일스톤(프로젝트 단계별 성과표)도 설정해 두어야 합니다. 그렇지 않으면 누가 봐도 AI 도입이 확실히 성공적이라고 판단할 만한 상황이 아닌 경우에 내부적으로 AI 도입의 적정성 여부에 대한 논란이 지속될 가능성이 높습니다. 특히 AI 활용에 따른 성과는 공유 받지 못하면서 데이터만 추가적으로 만들어 내야 하는 부서에서는 일만 늘어나게 되어 불만이 높아지게 됩니다. 따라서 AI 관련 부서 간의 주기적인 커뮤니케이션을 통해 성과를 공유하게 하고, 의미 있는 성과에 대해서는 보상을 지급하는 것이 AI의 성공적인 활용에 도움이 됩니다.

AI 솔루션을 뒷받침하는 인프라가 부족해서 성과가 떨어지는 경우도 많습니다. 성과 측정 후 이런 결과가 나왔다면 감당하기 어려울 만큼의 투자금액이 들지 않는 한 관련 인프라를 보완하고 업그레이드하는 것이 바람직합니다.

이러한 과정을 거친 후 성과를 최종적으로 판단하는 시점이 온다면 냉정하게 AI를 계속 활용할지 여부를 판단할 필요가 있습니다. 판단 결과 기대한 만큼의 AI 활용성과가 나오지 않았다면 다음 2가지 원인이 있을 수 있습니다. 하나는 AI가 효과를 창출할 만큼의 데이터가 부족한 경우이고, 또 하나는 AI 기술이 기대한 만큼의 수준에 이르지 못한 경우일 수 있습니다.

최근에는 AI 기술이 많이 범용화되고, 실제 현장에 적용해 보면서 많은 보완이 이루어지기도 했습니다. 따라서 AI를 사용하지 않는 편이 더 낫다고 할 정도의 상황이 될 가능성은 높지 않지만, 이에 대해 투자 대비 효익을 명확히 판단하고 내부적인 합의를 도출하는 절차는 필요합니다.

AI 적용단계 ⑦ 연결하고 확장하라

기업에서 처음 AI를 도입할 때는 특정 기능 하나를 활용하기 위해 시작했을 수도 있습니다. 하지만 대부분은 그 이상의 확장을 염두에 두고 도입했을 것입니다. 그런데 앞서 제시한 맥킨지의 조사 결과를 보면 실제 AI를 도입한 기업에서 활용하고 있는 기능은 평균 3~4개에 정체되어 있습니다.

어쩌면 생성형 AI의 발전이 기업의 AI 기능 도입을 가속화할 수도 있다고 생각됩니다. 설사 그렇지 않더라도 어느 시점에 AI 활용의 장애요인이 해결되면 정체되어 있는 AI의 기능 확장이 다시 증가하게 될 것으로 예상됩니다. 다만 기업에서 AI 활용성과를 획기적으로 향상시키려면 단순히 기능을 확장하는 것뿐 아니라 '자사의 전 · 후방 기업과의 연결을 통한 데이터 공유'가 이루어져야 합니다. 특히 제조업체의 경우 제조 과정보다는 '전 · 후방 기업과 연결하는 SCM'을 통해서 AI 활용에 따른 효율향상 기회를 훨씬 많이 찾을 수 있습니다.

직무교육 프로그램 중에 '비어게임(Beer Distribution Game, 일명 맥주게임)'이란 것이 있습니다. SCM에서 시장 참여자별 정보공유가 되지 않을 때 어떤 일이 일어나는지를 직접 체험하기 위해서 하는 게임이죠. 이 게임은 다음 그림처럼 소매점, 도매점, 지역 물류망, 공장이라는 4개의 SCM 참여자가 제품의 주문과 공급을 몇 차례에 걸쳐 진행하는 식으로 이루어집니다.

최종 고객을 상대하는 소매점에서 주문이 시작되면, 이 주문이

⚙ 비어게임 과정

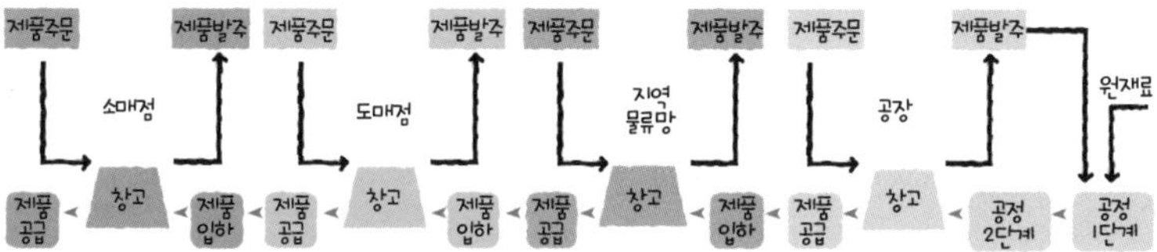

〈출처 : WIKIMEDIA COMMONS〉

도매점과 지역 물류망을 순차적으로 거쳐 공장에 도착합니다. 그러면 공장에서는 원재료를 투입하고 제품을 공급합니다. 이렇게 주문 프로세스와 공급 프로세스가 진행되면서 주문에 따라 제품을 공급하게 되는 것이죠. 그런데 이 게임을 진행하다 보면 대체로 생산능력이 정해져 있는 공장에서는 주문이 들쭉날쭉해서 당황하게 되고, 중간에 있는 도매점과 지역 물류망은 재고가 넘쳐 난감해 하는 상황이 발생합니다.

실제 현장에서도 이런 상황이 부지기수로 일어납니다. 이런 상황을 예방하는 가장 좋은 방법은 가치사슬로 연결된 전·후방 참여자 간에 주문과 재고에 대한 정보를 공유하는 것입니다. 여기에 AI가 참여하여 주문과 재고물량을 조정하는 데 도움을 준다면 금상첨화겠죠.

이런 사례처럼 전·후방 기업 간 정보를 공유하고 협력하면 AI 활용효과가 배가됩니다. 따라서 자사의 데이터만을 기반으로 AI를 도입하고 성과를 내기보다는, 전·후방 기업이 협력하여 SCM 프로세스를 기반으로 데이터를 연결하고 AI 활용 분야를 확장한다면 보다 단기에 AI 활용에 따른 기대효과를 달성할 수 있을 것입니다.

02
지금 바로 업무에 활용할 수 있는 AI 서비스

지금까지의 내용을 보고 'AI가 어떤 건지 한번 감이라도 잡아 볼 만한 서비스는 없을까?'라고 생각하는 독자가 있을 것입니다. 마케팅이나 영업과 관련한 간단한 솔루션을 사용해 볼 수 있다면 실제 AI가 경영에 도움이 될 수 있다는 사실을 확인할 수 있을 테니까요. 하지만 그러기엔 현실적 한계가 있으므로 우선은 지금 소개하는, 검색 플랫폼에서 제공하는 AI 기반 서비스와 생성형 AI를 사용해 보기를 권합니다.

① 시장동향 파악 - 코파일럿

챗GPT에 대해서는 많이 들어 봤겠죠? 실제로 사용해 본 독자도 많을 것입니다. 그런데 의외로 경영자나 관리자 중에는 이런 새로운 서비스와 아예 담쌓고 지내는 사람이 많습니다. 챗GPT 사용이 어렵지는 않지만, 경험이 없다면 그보다 사용이 간단한 마이크로소프트의 코파일럿(Copilot) 서비스를 권합니다.

컴퓨터 운영체제가 윈도우(Windows) 11 이상이라면 코파일럿 서비스를 쉽게 이용할 수 있습니다. 컴퓨터 화면 하단의 작업 표시줄이나 바탕화면을 보면, 마치 소용돌이 치는 태극문양처럼 생긴 '마이크로소프트 에지(Microsoft Edge)' 버튼을 찾을 수 있습니다. 이 버튼을 누르고 들어가면 화면 상단 좌측에 'Microsoft Start'라고 표시된 사이트가 나오는데, 그 표시 우측을 보면 그림과 같은 검색 창이 나옵니다.

◎ 코파일럿이 포함된 검색창

검색 창 우측에 색상 테두리로 둘러놓은 기호가 '코파일럿 서비스' 아이콘입니다. 이 아이콘을 누르면 바로 다음 그림과 같은 화면이 나오면서 코파일럿 서비스를 이용할 수 있습니다.

⚙ 코파일럿 사용화면

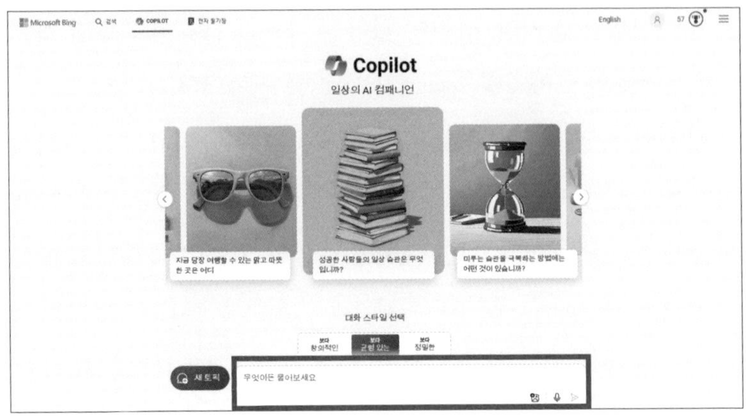

하단의 '무엇이든 물어보세요'라고 써진 창에 원하는 질문을 입력하면 일반적인 검색과는 다른 결과를 확인할 수 있습니다. 예를 들어 '생산성의 뜻이 뭐지?'라고 입력하면 다음 그림과 같은 답을 얻을 수 있습니다. (질문하는 시기와 질문 문구에 따라 답은 달라질 수 있습니다.)

그림과 같이 각 답변별로 각주나 하단의 '자세한 정보'라고 표시된 곳에 출처가 나오기 때문에 더 많은 정보는 물론 출처의 신뢰도도 직접 확인할 수 있습니다. 경영자나 관리자가 코파일럿을 쓰게 되면 특정 현안에 대한 간단한 조사는 직접 해결할 수 있으며, 직원에게 분석업무를 시킬 때도 코파일럿이나 챗GPT를 통해 얻은 정보를 그대로 긁어 왔는지 아니면 좀 더 심도 있게 자료를 찾아보고 정리했는지 확인할 수 있습니다. 아직까지는 기업의 다양한 의사결정에 필요한 정보를 얻기에는 부족함이 있지만 시장

⚙ 코파일럿 답변 예시

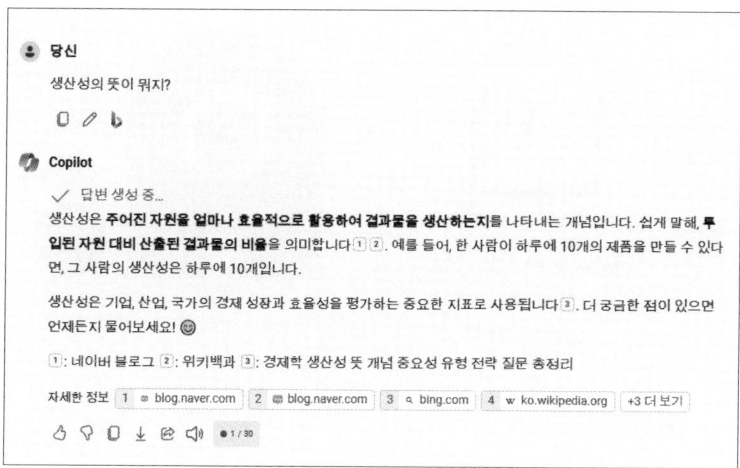

또는 업계 현황 등에 대한 간단한 조사업무는 AI에게 시킬 수 있는 시대가 온 것이죠.

② 회의록 정리 – 클로바노트, 에이닷

기업에서 회의를 마치고 나면 지시사항 이행을 위해 회의록을 정리하곤 합니다. 일반적으로는 부서 막내 사원이 이 역할을 맡게 되죠. 이때 기업의 보안규율이 엄격하다면 직접 받아 적는 식으로 회의록을 정리하겠지만, 최근에는 각 업체에서 경쟁적으로 제공하고 있는 음성녹음과 요약 서비스를 이용하는 사례가 늘어나고 있습니다.

⚙ 네이버 클로바노트와 SK텔레콤 에이닷 서비스(로고)

대표적으로 네이버의 '클로바노트'를 사용해 회의록을 작성하거나, SK텔레콤에서 제공하는 '에이닷' 서비스를 사용해 전화통화 요약을 해 보면 어떤 결과가 나오는지 쉽게 확인할 수 있습니다. 이 2가지 서비스의 사용방법은 인터넷 검색으로 쉽게 확인할 수 있기 때문에 구체적인 설명은 생략하겠습니다. 유사한 용도로 사용할 수 있는 다른 서비스도 있지만, 여기서는 가장 쉽게 접근할 수 있는 위의 2가지 서비스만 소개하겠습니다.

참고로 클로바노트는 해당 서비스 홈페이지(clovanote.naver.com)에서 PC 버전을 다운로드 받거나 구글 스토어에서 모바일 버전을 다운로드 받아 사용하면 됩니다. 에이닷 서비스는 모바일 전용 앱으로, 구글 스토어에서 다운로드 받아 사용하면 됩니다.

③ 번역 – 구글, 마이크로소프트, DeepL(딥엘)

번역은 AI를 가장 먼저 활용한 영역 중 하나입니다. 최근 삼성에서 최신 스마트폰의 번역기능을 중점적으로 홍보할 만큼 번역 서비스는 여러 업체에서 제공되고, 가장 널리 사용되는 AI 서비스라고 할 수 있습니다. 완벽하지는 않을 수 있지만, '구글 번역기능'을 사용하면 베트남어와 같은 생소한 언어를 별다른 어려움 없이 이해할 정도로 번역할 수 있습니다. 다만 영어에 대한 한국어 번역은 여전히 매끄럽지 못한 경우가 많습니다.

그런데 구글 번역을 이용하는 데 있어서 위와 같은 사소한 불편함보다 큰 이슈가 있습니다. 번역 기능을 이용하려면 수작업 식으로 번역할 문장을 복사해서 붙여넣기 해야 하다 보니 짧은 문장은 괜찮은데 파일 전체를 번역하려면 꽤 시간이 걸린다는 것이죠. 이것이 불편하면 '마이크로소프트의 인텔리전트 기능'을 사용하여 문서 전체를 선택해서 번역하는 것이 좋은 방법이 될 수 있습니다. 다만 구글보다 다소 번역이 어색해서 영어를 한국어로 번역한 것은 그런대로 쓸 만하지만, 한국어를 영어로 번역한 것은 업무에 사용하기에는 품질에 한계가 있습니다.

번역작업이 많은 기업이라면 'DeepL(통상 '디플'이 아닌 '딥엘'이라고 읽습니다)'을 사용해 보기를 권합니다. 유료라는 점과 번역 가능한 언어의 수가 구글이나 마이크로소프트의 번역기능보다 상대적으로 적은 게 아쉽긴 하지만, 번역품질이 상당히 높고 파일을 간단하게 통째로 번역할 수 있다는 장점이 있습니다.

④ 이커머스 마케팅 서비스 - 스토어링크

오픈 마켓에 상품을 출시한 기업이라면 이커머스사업을 지원해 주는 '스토어링크' 서비스를 활용해 보기 바랍니다. 2020년에 창업해 업력이 길지 않은 기업이지만, 키워드에 관련한 다수의 지표를 제시해 주고, 고객의 구매패턴도 알려 줍니다. 이게 AI를 사용한 서비스냐고 묻는다면, AI 엔진을 사용했다기보다는 여러 가지 데이터로 통계적인 패턴을 찾아내는 소위 빅 데이터 솔루션에 가깝다고 대답할 수 있습니다. 왜냐하면 지표로 보여 준다는 것 자체가 수치를 분석해 정해진 결과 값을 제시해 준다는 의미가 되고, 일반적인 컴퓨터가 하는 일과 유사하다고 볼 수 있기 때문입니다. 그렇지만 데이터를 모으고 처리해서 원하는 결과를 보여 준다는 AI의 기본적인 역할에는 충실한 서비스라고 할 수 있습니다.

스토어링크 홈페이지(https://storelink.io/en)에 들어가서 상단 메뉴 중 '키워드 분석'을 클릭한 다음 생각나는 대로 키워드를 입력해 보면 꽤 그럴듯한 수치를 보여 주는 것을 확인할 수 있습니다.

집필을 하느라 어깨도 뻐근하고 허리도 아파서 키워드를 '안마의자'로 넣어 보니 다음과 같은 결과가 나왔네요. 분석 결과 월 검색량이 12만 회가 넘고, 경쟁강도 측면에서도 시장 진입기회가 양호(좋음)해서 온라인상에서 시장에 진입하고 브랜드 인지도를 높일 수 있는 키워드라고 나오네요. 안마 의자를 판매하는 사업체를 운영한다면 오픈 마켓 판매를 적극적으로 검토해 봐도 되겠습니다.

목적이 꼭 오픈 마켓 판매가 아니라도 키워드 분석을 통해 소

⚙ 스토어링크 키워드 검색 결과

형가전 등 시장규모가 크지 않은 시장을 파악해 봄으로써 데이터의 유용함을 체험하는 데 도움이 될 것입니다.

또한 키워드 분석 외에도 생성형 AI를 기반으로 상세페이지 문

⚙ 스토어링크 '링크 AI' 서비스

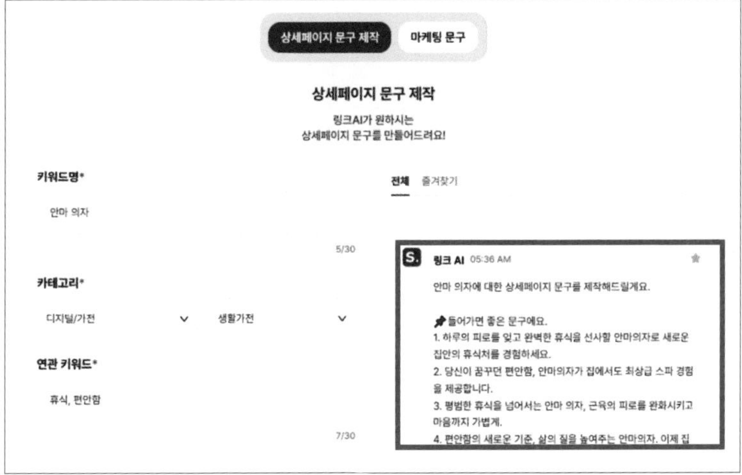

구나 마케팅 문구 제작을 지원하는 '링크 AI'와 같은 서비스도 경험해 볼 수 있으니(회원가입 필요), 이들 서비스를 이용하면 AI를 판매에 활용하는 방식에 대한 이해를 높이는 데 도움이 될 것으로 보입니다.

03
AI 도입에 도움이 되는 정부 지원사업을 알아보자

국내 기업들의 AI 도입률이 경쟁국들에 비해 상대적으로 낮다 보니, 당연히 정부에서도 관심을 갖고 여러 가지 형태의 지원을 하고 있습니다. 현재 정부 주요 부처에서 제공하고 있는 AI 도입 관련 지원내용을 소개합니다.

① (과학기술정보통신부) 정보통신산업진흥원

과학기술정보통신부는 2020년에 중소 · 벤처기업의 AI 도입 활성화를 위해 'AI 바우처 사업'을 시작했습니다. 이는 AI를 사용하려는 수요기업이 AI 솔루션을 제공하려는 공급기업에서 솔루션을 구매할 수 있도록 자금을 지원하는 형태의 사업입니다.

다음 그림처럼 이 사업의 목적은 AI 솔루션의 공급과 구매를

◎ AI 바우처 사업 추진체계

〈출처 : 과학기술정보통신부, 2020.3〉

활성화함으로써 국내 AI 솔루션 생태계를 성장시키는 데 있습니다. 따라서 공급기업은 국내 AI 솔루션 기업으로 한정하고, 수요기업도 중소·중견기업, 의료기관, 소상공인 등으로 제한을 두고 있습니다. 이 사업은 정보통신산업진흥원에서 주관하고 있으며, 매년 초 사업공고를 게시하고, 기업별로 최대 2억 원 이상을 지원해 오고 있습니다.

② (과학기술정보통신부) 정보통신기획평가원

과학기술정보통신부 산하 정보통신기획평가원은 정보통신기술 분야의 연구개발 혁신역량을 강화하고, 미래 성장동력 창출에 기여하는 것을 목적으로 설립된 기관입니다. 이 기관은 핵심 기술 개발뿐만 아니라 연구개발과 관련한 기획·평가·관리역량을 혁신하는 것을 주요 사업으로 하고 있습니다.

이에 따라 AI 기술 연구개발과 관련한 다양한 과제를 지원하고 있으며, 대학과 연계한 AI 인력 양성을 위한 사업도 다수 수행하고 있습니다. 따라서 특정 분야에 대한 연구개발, 공동과제 추진과 이에 필요한 인력 양성과 관련한 사업비를 정보통신기획평가원을 통해 지원 받을 수 있습니다.

③ (중소벤처기업부) 중소기업기술정보진흥원, 스마트제조혁신추진단

중소기업기술정보진흥원(TIPA)은 중소벤처기업부의 정보통신기술과 관련한 전반적인 지원사항을 확인할 수 있는 가장 좋은 정

◎ 중소기업기술정보진흥원(TIPA)의 지원사업 공고

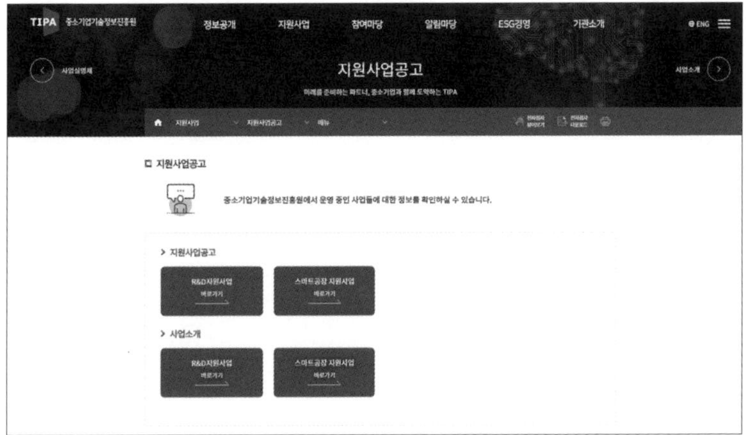

〈출처 : TIPA 홈페이지 내 지원사업 공고(https://www.tipa.or.kr/s0201)〉

보원입니다. 이 기관의 홈페이지(tipa.or.kr)에서 지원사업 공고에 들어가면 R&D, 스마트 공장, 정보화 지원사업 등 AI 도입과 관련한 영역 전반에 걸친 지원사업 내용을 확인할 수 있습니다.

만약 전반적인 제조 영역에서 스마트 공장을 포함한 디지털 트랜스포메이션(Digital Transformation)을 고민하고 있는 제조기업이라면 '스마트제조혁신추진단(KOSMO)'에서 제공하는 지원사업을 확인해 보기 바랍니다. 다음 그림처럼 이 기관의 홈페이지(smart-factory.kr)에서 소개하는 지원사업 중에는 인공지능 컨설팅 및 실증사업뿐 아니라 AI 도입에 필수적인 제조 데이터, SCM을 활용한 공급망 연계 등이 포함되어 있습니다.

중소기업에서 AI 도입목표를 설정했다면 우선적으로 위와 같은 정부 지원사업 내용을 확인하고, 투자 대비 효과(ROI)를 높이기 위한 추가적인 방안을 추진해 보기를 권합니다.

⚙ 스마트제조혁신추진단의 지원사업 소개

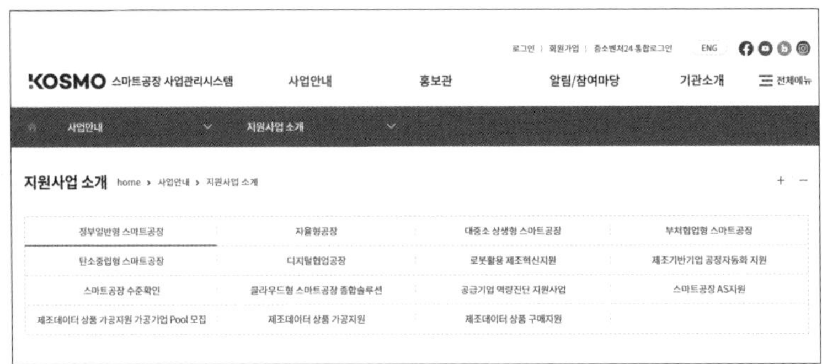

〈출처 : 스마트제조혁신추진단 홈페이지 내 지원사업 소개(https://www.smart-factory.kr/usr/bg/si/ma/sportBsnsIntrcn)〉

④ (산업통상자원부) 한국산업기술진흥원

한국산업기술진흥원은 산업기술 혁신 관련 정책개발을 지원하기 위해 설립된 기관입니다. 이름에서도 알 수 있듯이 AI나 정보통신 관련 분야뿐만 아니라 전통적인 사업을 포함한 다양한 분야의 산업 혁신을 지원합니다. 특히 이 기관은 소재, 부품, 장비 관련 산업 혁신을 최전선에서 지원하고 있으며, 첨단산업 기술개발과 산업 경쟁력 향상을 위한 중견기업의 디지털 트랜스포메이션 지원사업을 꾸준히 수행하고 있습니다. 따라서 기술 혁신 기업이나 디지털 기술을 통한 경쟁력 강화를 추진하는 기업이라면 이 기관의 지원을 통해 경쟁력을 한 단계 향상시킬 수 있습니다.

⑤ (산업통상자원부) 한국산업기술기획평가원

한국산업기술기획평가원은 앞서 소개한 과학기술정보통신부 산하의 정보통신기획평가원과 유사한 기능을 하는 기관입니다. 단지 대상 사업 분야가 정보통신이 아닌 '산업 전반'이라는 측면에서 차이가 있습니다. 또한 이 기관의 사업내용을 보면 '기술개발 지원'에 좀 더 초점을 맞추고 있음을 알 수 있습니다.

이 기관은 사업 분야가 매우 광범위하기 때문에 AI 관련 분야의 비중은 다른 기관에 비해 상대적으로 낮다고 할 수 있습니다. 다만 AI가 다양한 산업 분야에서 조미료처럼 활용될 수 있다는 측면에서 보면, 산업 경쟁력 강화를 위한 다수의 기술과제에 대해 지원사업 참여기회가 열려 있다고도 볼 수 있습니다. 따라서 범용적인 솔루션보다는, 특정 산업이나 기술 분야에 특화되어 적용할 수 있는 AI 기술개발에 대한 지원을 받고 싶다면 이 기관에서 지원하는 기술과제들을 유심히 살펴볼 필요가 있습니다.

부록

인공 신경망과 주요 AI 관련 용어 풀이

딥 러닝과 관련 기술(인공 신경망)의 진화

우리 뇌에서 신경세포(뉴런)가 서로 연결되어 자극과 흥분을 전달하는 신경망 구조를 본떠, 여러 단계로 정보를 전달하는 네트워크를 소프트웨어로 만든 것을 '인공 신경망(Artificial Neural Network, ANN)'이라고 합니다. 본문에서 설명한 퍼셉트론이 최초의 인공 신경망이라고 할 수 있습니다. 이 퍼셉트론이 여러 계층(은닉층)을 가진 심층 신경망(Deep Neural Network, DNN)으로 발전하게 되었고, AI를 이용해 구현하고자 하는 목적에 따라 다양한 인공 신경망이 나타나게 되었습니다.

최근의 AI는 이러한 인공 신경망을 기반으로 하여 보다 구체화되며 발전하고 있다고 할 수 있습니다. 부록에서는 인공 신경망의 진화과정 등 AI에 대해 좀 더 알고 싶은 독자들을 위한 내용들을 소개하겠습니다.

① 다층 퍼셉트론(MLP, Multi-Layer Perceptron)

다층 퍼셉트론(MLP)은 인공 신경망 중 가장 간단한 초기 형태인 퍼셉트론의 한계를 극복한 것으로, 인공 신경망 발전의 토대가 되었습니다.

퍼셉트론의 경우 입력 데이터를 처리해서 출력 데이터로 만들어 내보내는 구조로 되어 있습니다. 이때 입력 데이터가 들어가는 곳을 '입력층', 결과 값인 출력 데이터가 나오는 곳을 '출력층'이라고 합니다. 입력층에 들어온 여러 입력 데이터의 변수에 가중치를 적용하고 1차식의 함수를 사용하여 데이터를 처리하면 가중치에 따라 출력 데이터 값들이 직선 형태로 나타나게 됩니다. 그럼 이런 경우에 어떤 한계가 있는지 아래 그림을 통해 살펴보겠습니다.

⚙ 퍼셉트론의 한계

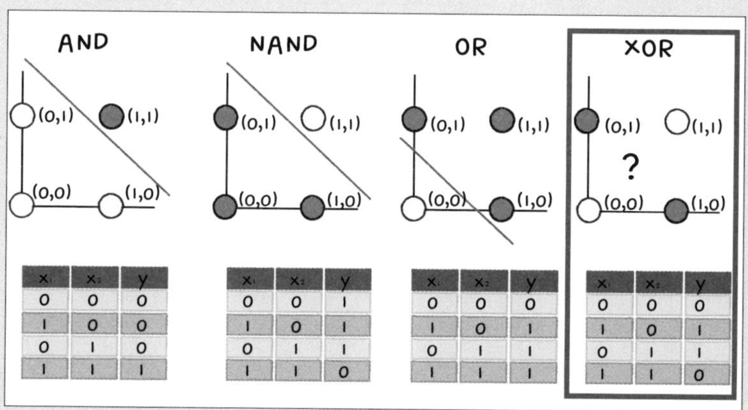

x_1	x_2	y
0	0	0
1	0	0
0	1	0
1	1	1

x_1	x_2	y
0	0	1
1	0	1
0	1	1
1	1	0

x_1	x_2	y
0	0	0
1	0	1
0	1	1
1	1	1

x_1	x_2	y
0	0	0
1	0	1
0	1	1
1	1	0

〈출처 : 《교양으로서의 인공지능》, 이상진〉

앞의 그래프와 도표는 입력 값을 처리해서 출력 값을 내보내는 퍼셉트론의 4가지 논리 게이트인 AND, NAND, OR, XOR의 구조를 나타낸 것입니다. 위의 도표에서 x_1은 그래프의 가로축을, x_2는 세로축을 의미하며, y 값은 x_1과 x_2의 조합에 따른 결과 값을 나타냅니다. 이때 x_1과 x_2는 1과 0이라는 값만을 가지는데, 이해를 돕기 위해 1을 '참', 0을 '거짓'이라고 해 보겠습니다.

먼저 첫 번째 'AND' 조건은 x_1과 x_2가 모두 참일 때만 y 값이 참, 즉 1이 됩니다. 그래프를 기준으로 보면 색이 없는 원은 모두 거짓(0)이 되고, 색을 채운 원(1, 1)만이 참이 되는 것이죠. 'NAND(NOT AND)'는 AND의 반대 개념이므로 결과 값 역시 AND와 상반된 결과를 나타내고 있습니다. 'OR'의 경우 그 의미대로 x_1과 x_2 중 하나만 참이면 결과 값이 참(1)이 되는 구조입니다.

그럼 'XOR'은 어떤 구조일까요? 'XOR(Exclusive OR, 배타적 논리합)'은 x_1과 x_2가 서로 다른 값을 가질 때 참이 되는 구조입니다. 그런데 XOR 구조에서는 해당 그래프에 표현했듯이 직선 구조의 선형 함수로는 데이터를 분리해 낼 수 없다는 문제가 생깁니다. 즉, 데이터를 '분류', '군집화' 등 원하는 목적에 맞춰 처리할 수 없다는 의미입니다.

이 문제를 해결하려면 다음 그래프처럼 직선이 아니라 상당히 특이한 모양의 곡선을 사용해야 합니다. 그런데 이런 곡선은 포물선과 같은 곡선 함수로도 만들 수 없습니다. 따라서 이런 경우 데이터를 한 번에 처리하는 게 아니라, 데이터를 처리해서 먼저 하나의 결과 값을 만들고, 이 데이터들에 다시 함수를 사용하여 원

◎ 퍼셉트론의 한계를 넘기 위한 곡선

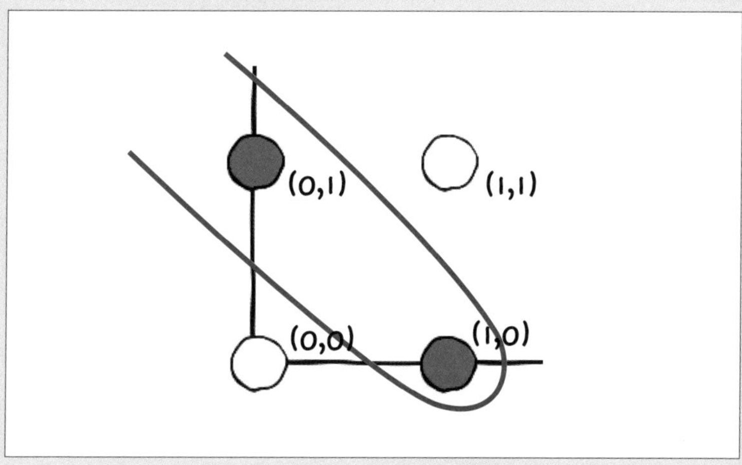

하는 결과 값을 얻어내는 2단계 방식을 사용해야 합니다.

그럼 이러한 2단계 방식을 이용해서 XOR 문제를 어떻게 풀어내는지 살펴볼까요? 우선 첫 번째 단계에서는 다음 쪽 그림처럼 NAND(①)와 OR(②) 2개 함수를 적용합니다. 그리고 2번째 단계에서 서로 다른 2개의 결과 값을 대상으로 AND 함수(③)를 적용합니다. 이렇게 하면 그래프 ③과 같이 NAND와 OR 모두에서 참이 되는 'x_1=1, x_2=0'과 'x_1=0, x_2=1'인 경우에 참(1)이 되는 결과를 얻을 수 있습니다. 결과적으로 앞의 그림에서 XOR와 같은 결과를 얻게 되는 것이죠.

이와 같이 앞서 단층 퍼셉트론으로 해결하지 못하는 문제를 2개 이상의 층을 만들어 해결하는 구조를 '다층 퍼셉트론'이라고 합니다. 이때 다층 퍼셉트론의 입력층과 출력층 사이에 추가된 층

⚙ 은닉층을 통한 XOR 문제 해결

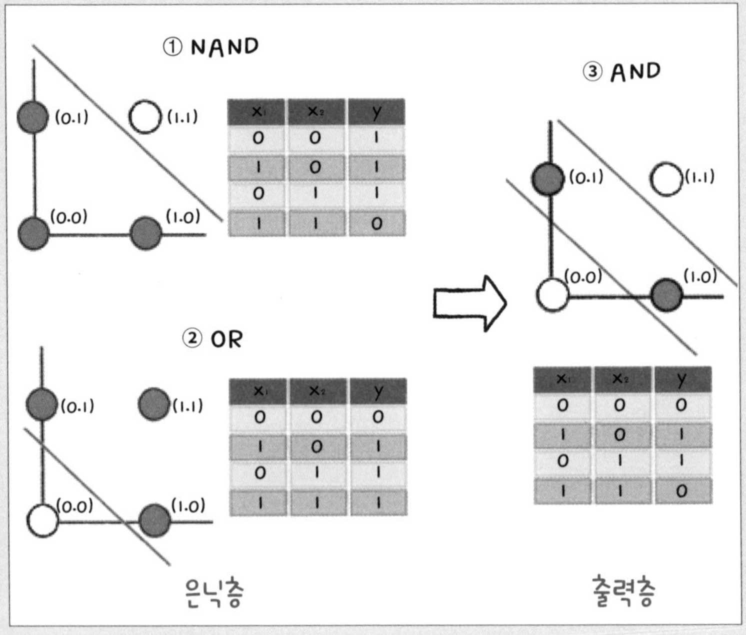

x_1	x_2	y
0	0	1
1	0	1
0	1	1
1	1	0

x_1	x_2	y
0	0	0
1	0	1
0	1	1
1	1	1

x_1	x_2	y
0	0	0
1	0	1
0	1	1
1	1	0

(단계)을 '은닉층'이라고 하며, 이러한 구조 안에서 데이터가 다음 쪽 그림과 같은 형태로 흐르게 됩니다.

앞서 설명했듯이 단층 퍼셉트론은 입력층에 여러 데이터가 입력되면 이를 처리해 하나의 결과 값을 출력층으로 내보내는 구조입니다. 이에 비해 다층 퍼셉트론처럼 은닉층이 있는 경우 위의 그림에서 NAND와 OR 2가지 함수의 결과물을 사용했듯이 여러 개의 데이터 집합을 사용할 수 있습니다. 이처럼 특정 함수를 이용한 데이터의 결과물이 모여 있는 곳이 다음 그림에서 원형으로 표현된 '노드(Node)'입니다.

◎ 다층 퍼셉트론 구조

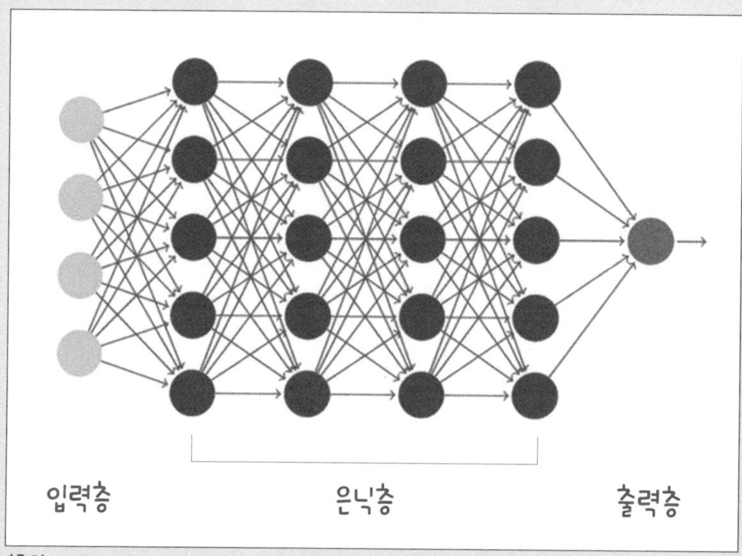

〈출처 : A Guide for Using Deep Learning for Complex Trait Genomic Prediction〉

다층 퍼셉트론의 또 하나의 특징은 위의 그림에 표현되어 있듯이 전 단계 노드와 다음 단계 노드가 모두 연결되어 있다는 것입니다. 이렇게 단계별로 모든 노드가 서로 연결되어 있지 않다면 사전에 데이터 간의 연관관계를 알 수 없기 때문에 필요한 데이터가 입력되지 않을 수도 있습니다. 따라서 전 단계와 다음 단계의 노드 전체를 서로 연결하여 데이터 간의 관계를 정하게 되는 것입니다.

그런데 이렇게 단계별 데이터 간 관계를 정하는 데 있어서 직선 구조의 선형 함수만 이용한다면 데이터 간 관계가 단순해지고 원하는 관계를 설정하는 데 한계가 있을 수밖에 없습니다. 예를 들어 결과 값을 일정 범위(예를 들면 -1~1 사이)를 벗어나지 않는 값 안에서 점점 기울기가 증가하는 형태로 표현하고 싶거나, 0보다 작을 때는 0으로, 0보다 크면 점점 증가하는 형태로 표현하고 싶을 때 등 그 목적에 맞춰 직선 외에 함수를 사용할 필요성이 생길 수 있기 때문이죠. 이런 경우 데이터 간 관계를 설정하는 '곡선' 형태의 비선형 함수를 사용할 수 있는데, 이를 '활성화 함수(Activation Function)'라고 부릅니다. 이 활성화 함수에 대해서는 뒤에서 별도로 설명하겠습니다.

한편, 앞의 그림처럼 전 단계와 다음 단계 노드가 모두 연결되어 있는 형태를 '완전 연결 신경망(FNN, Fully-connected Neural Network)'이라고 부릅니다. 또한 그림을 잘 살펴보면 데이터가 강물이 흐르듯 한 방향으로만 흐른다는 또 다른 특징을 확인할 수 있습니다. 즉, 데이터가 옆이나 뒤로 가지 않고 오직 앞으로만 이동하는데, 이러한 형태를 '순방향 신경망(Feedforward Neural Network)'이라고 부릅니다.

정리하면, 다층 퍼셉트론은 바로 이 '완전 연결'과 '순방향'이라는 2가지 특징을 지닌 가장 단순한 방식의 기본적인 인공 신경망이라고 할 수 있습니다. 그래서 다층 퍼셉트론을 좁은 의미의 인공 신경망(ANN, Artificial Neural Network)이라 부르기도 합니다. 따라서 완전 연결 신경망이나 순방향 신경망에 대해 이야기한다면 이를 다층 퍼셉트론과 같은 개념으로 봐도 됩니다.

다층 퍼셉트론은 일반적인 AI 활용분야인 분류, 군집화, 예측 등에 사용되는 인공 신경망입니다. 그런데 이 외에 특수한 형태의 데이터에 대한 새로운 처리방식이 필요해짐에 따라 다른 신경망들이 개발되었는데, 이에 대해서는 뒤에서 다시 설명하겠습니다.

② DNN(Deep Neural Network)

DNN(Deep Neural Network)은 우리말로 '심층 신경망'으로 표현할 수 있으며, 은닉층이 2개 이상인 인공 신경망을 말합니다. 위에서 설명한 다층 퍼셉트론도 은닉층이 2개 이상이라면 DNN에 해당한다고 할 수 있습니다. 그럼 은닉층이 하나라면 뭐라고 할까요? '얕은 신경망(Shallow Neural Network)'이라고 부릅니다. 다만 이 용어가 특정 기능이나 특징을 설명한다기보다는 심층 신경망(DNN)의 상대적인 개념을 표현한다고 보면 됩니다.

DNN 역시 은닉층이 2개 이상인 신경망을 통칭하는 개념 정도

◎ 얕은 신경망 vs. 심층 신경망

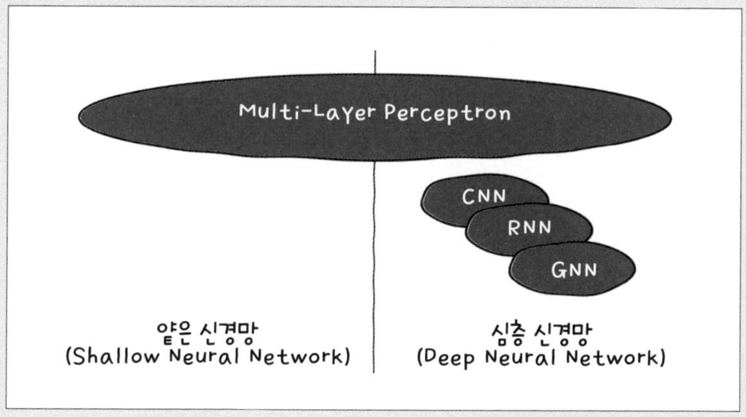

로 이해하면 됩니다. 즉, 특정한 형태나 알고리듬을 지칭한다기보다는 여러 은닉층을 사용해서 결과 값을 찾아가는 방식을 뜻하는 개념으로 볼 수 있는 것이죠. 따라서 뒤에서 설명할 다른 신경망들 역시 앞의 그림처럼 모두 DNN의 일종으로 보면 됩니다.

사실 다층 퍼셉트론처럼 각 은닉층 간의 모든 변수가 연결되면 층이 늘어날수록 복잡도가 급격히 늘어나게 됩니다. 예를 들어 10개의 은닉층이 있고 각 층마다 5개의 데이터가 있다면 데이터 간 연결을 위한 경우의 수는 약 1,000만 개가 됩니다. 따라서 은닉층이 늘어날수록 결과 값을 얻기 위한 처리시간은 증가하고, 분류나 군집화 등 AI의 활용목적을 달성하기가 더 힘들어집니다.

그런데도 왜 여러 개의 은닉층을 가진 인공 신경망을 만드는 걸까요? 심층 신경망이 발전하면서 여러 은닉층이 각기 다른 역할을 할 수 있게 되고, 때로는 불필요한 데이터를 제외시키거나 앞뒤 계층의 데이터를 비교하는 등 여러 기능이 가능해졌기 때문입니다. 이로 인해 여러 은닉층을 만드는 것이 데이터의 복잡도를 증가시키는 것이 아니라, 데이터 분석의 효율성과 결과 값의 정확도를 높이는 수단이 된 것이죠. 그 결과 목적에 따라 여러 종류의 심층 신경망이 만들어져서 발전하게 되었고, 지금도 계속해서 새로운 심층 신경망이 만들어지고 있습니다.

③ CNN(Convolutional Neural Network, 합성곱 신경망)

CNN의 특징을 요약해서 정리하면 다음과 같습니다.

'이미지나 영상 등 시각적 데이터를 인식하고 분류하기 위해 필터(filter, 또는 커널(kernel))라는 도구의 사용과 복잡한 처리과정을 통해 데이터의 특징(feature)을 뽑아 내고 그것을 통해 시각적인 데이터의 패턴을 파악하는 신경망'

위의 정리에서 '복잡한 처리과정'을 '합성곱(Convolution)'이라고 하는데, 복잡한 곱셈 정도로 이해하면 됩니다.

아래 그림을 보면 손글씨로 쓴 2가지 형태의 'Y' 자가 있습니다. 오른쪽 그림이 다소 흘려 쓴 듯 하지만 눈으로 보면 둘 다 Y 자임을 알 수 있습니다. 그럼 이 두 문자를 이루는 검정색과 흰색의 격자를 중심으로 살펴보면 어떨까요? 색상 테두리 안의 격자들을 보면 두 그림의 검정색 격자 위치가 분명히 다릅니다. 그렇다면 무슨 근거로 좌우 그림이 같은 글자라고 판단할 수 있을까요? 이

◎ 손글씨로 쓴 2가지 형태의 'Y' 자 비교

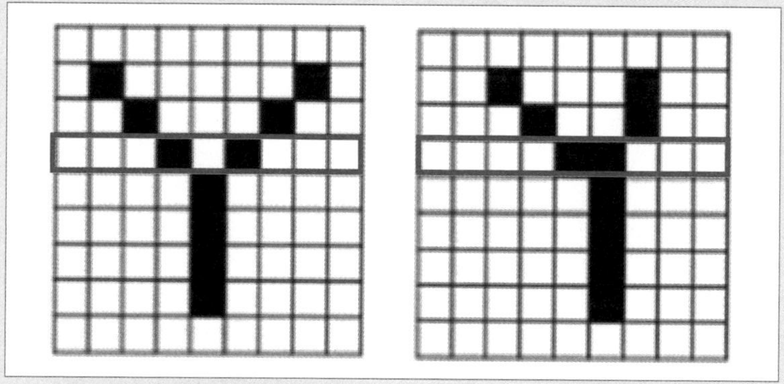

〈출처 : https://wikidocs.net/64066〉

를 밝히려면 각각의 그림 안에서 검정색 격자가 전체적으로 분포되어 있는 특징(feature)을 살펴보고, 그 패턴의 유사성을 확인해야 합니다. 바로 이처럼 시각적인 데이터의 패턴을 효과적으로 파악하기 위해 만든 인공 신경망이 'CNN'입니다.

CNN에서 데이터를 어떻게 처리하는지 간략하게 살펴보겠습니다. 위의 Y 자 그림처럼 단순한 이미지라면 전체 이미지에 대한 데이터를 한 번에 처리할 수 있을 것입니다. 하지만 대부분의 이미지는 매우 많은 화소(픽셀)로 이루어져 있습니다. 우리가 TV나 모니터로 보는 화려한 이미지 역시 수없이 많은 화소(픽셀)로 표현된다는 점을 생각하면 이해가 쉬울 것입니다.

따라서 CNN에서는 전체 이미지 데이터를 한꺼번에 처리하지 않고, 전체 데이터 중 일부 작은 분량의 데이터에 대해 필터 처리와 합성곱 과정을 적용해서 특징을 뽑아 내는 '콘볼루션(Convolution)' 과정과 불필요한 데이터를 정리해 데이터 분량을 축소하는 '풀링(Pooling)' 과정을 전체 데이터에 대해 반복적으로 수행합니다. 그리고 이렇게 추출된 좀 더 작은 단위의 데이터를 대상으로 동일한 과정을 반복합니다.

이러한 모든 과정을 통해서 이미지의 특성을 파악하고, 전체적으로 결과물을 연결(Fully Connected)함으로써 입력된 데이터가 어떤 이미지인지 패턴을 확인할 수 있게 되고, 향후에 유사한 이미지 데이터가 들어왔을 때 어떤 이미지인지 인식할 수 있게 됩니다.

정리하면, CNN은 다음 그림과 같이 콘볼루션과 풀링 과정을 반복해서 특성 학습(Feature Learning)을 하고 나서 이미지에 대한

⚙ CNN 데이터 처리과정

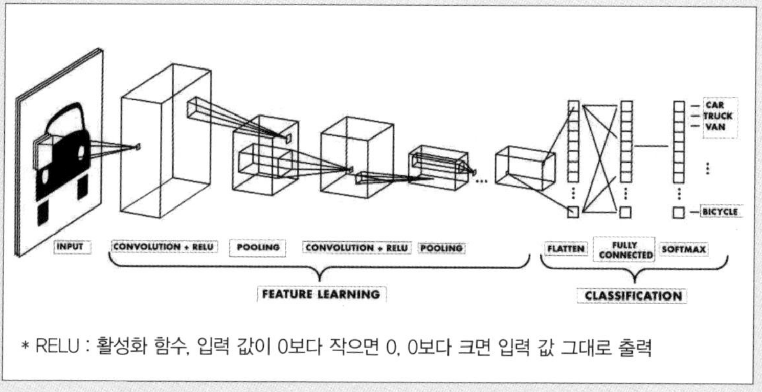

* RELU : 활성화 함수. 입력 값이 0보다 작으면 0, 0보다 크면 입력 값 그대로 출력

〈출처 : https://kr.mathworks.com/discovery/convolutional-neural-network.html〉

데이터를 종합하게 되면, 추후 여러 이미지가 입력되었을 때 어떤 이미지가 사전에 학습한 '차'의 이미지인지 파악하고 '차'로 분류할 수 있게 됩니다.

지금까지 설명한 것처럼 CNN은 이미지나 영상 처리에 유용한 인공 신경망이기 때문에 얼굴 인식, 이미지 분류 및 새로운 이미지 생성, 의료영상 분석 등에 사용할 수 있습니다. 또 자율주행 시에 보행자 인지나 차선 감지에도 활용할 수 있습니다.

④ RNN(Recurrent Neural Network, 순환 신경망)

RNN은 시계열 자료와 같이 순차적으로 입력되는 데이터를 처리하여 결과 값을 산출하는 인공 신경망입니다. 앞서 살펴본 일반적인 인공 신경망들은 데이터가 이전 층에서 다음 층으로 이전되

⚙ RNN 개념도

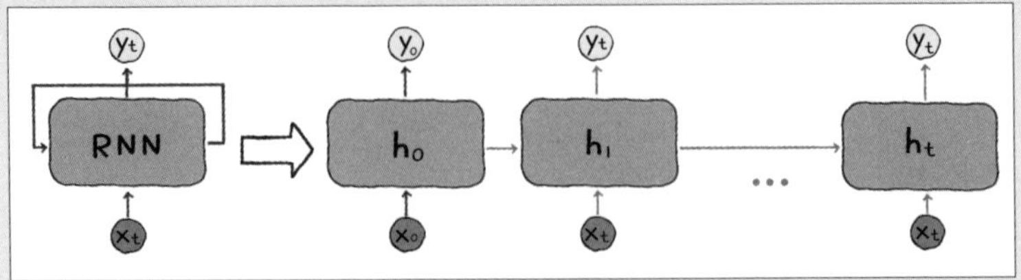

〈출처 : https://kr.mathworks.com/discovery/rnn.html〉

고, 또 해당 데이터들을 처리해서 만들어진 새로운 데이터 값들이 그 다음 층으로 이동하는 방식으로 데이터가 흘러갔습니다. 이에 비해 RNN에서는 위의 그림처럼 동일한 데이터 세트(h_0, h_1, …)에 입력 값(x_0, x_1, …)이 반복적으로 추가되는 형태로 데이터를 처리합니다. 예를 들어 과거의 날씨 데이터를 가지고 날씨를 예측한다고 하면, 어제까지의 모든 날씨 데이터를 기반으로 해서 오늘 날씨를 예측하고, 오늘 날씨가 확인되면 이것도 데이터에 추가해서 내일 날씨를 예측하는 식입니다.

RNN은 현재와 과거 데이터의 일관성 있는 연결이 가능해서 순차적인 데이터 분석에 매우 유용하다는 장점이 있습니다. 반면에 데이터를 순차적으로 처리하다 보니, 순서의 차이가 커지면 데이터 간 연관성과 중요도 등을 파악하는 데 어려움이 생긴다는 단점이 발생합니다. 데이터를 순서대로 쭉 깔아 놓고 연관성을 살펴보다 보니 순서의 차이가 큰 데이터 간의 연관성을 정확히 알아내기 어렵기 때문이죠. 사람이 예전 일은 잘 기억하지 못하는 것과 비슷한 이치입니다. 여럿이 얘기를 하다 주제를 한참 벗어난 후에

'우리가 원래 무슨 얘기하고 있었지?'라며 서로 얼굴을 쳐다보는 경우가 AI에게도 일어날 수 있다는 것이죠.

이러한 단점을 극복하기 위해 진화된 형태로 만들어진 RNN 유형이 'LSTM(Long Short-Term Memory, 장단기 기억) 신경망'입니다. LSTM 신경망은 데이터가 이동할 수 있는 새로운 통로인 '게이트(gate)'를 부가적으로 만들어서 어느 정보가 다음 단계로 넘어가고 출력 값에 영향을 미칠지를 제어함으로써 오래 전의 데이터도 효과적으로 활용할 수 있게 만들어 줍니다. 우리가 뭔가 중요한 것이 있을 때 이를 잊지 않으려고 메모하고, 밑줄을 긋거나, 요약 노트를 만들어 활용하는 방식과 같은 이치라고 보면 됩니다. 이렇게 문제점이 보완된 LSTM 신경망이 일반적으로 구현되는 RNN 유형입니다.

RNN은 순차적인 데이터 처리에 강점이 있기 때문에 날씨와 같은 시계열 예측, 과거와 다른 특이한 데이터를 감지하는 이상 탐지, 의료 분야에서 향후 발생할 질병의 예측이나 건강의 이상 위험 등을 확인하는 데 활용할 수 있습니다.

⑤ 트랜스포머(Transformer)

트랜스포머(Transformer)는 챗GPT로 대표되는 생성형 AI를 구현하는 데 기반이 되는 모델입니다. 사람의 일상적인 언어인 자연어를 처리하기 위해 구글이 개발한 모델로, RNN(순환 신경망)을 사용한 자연어 처리의 문제점을 보완하고 업그레이드한 것이라 할

◎ 트랜스포머의 구조

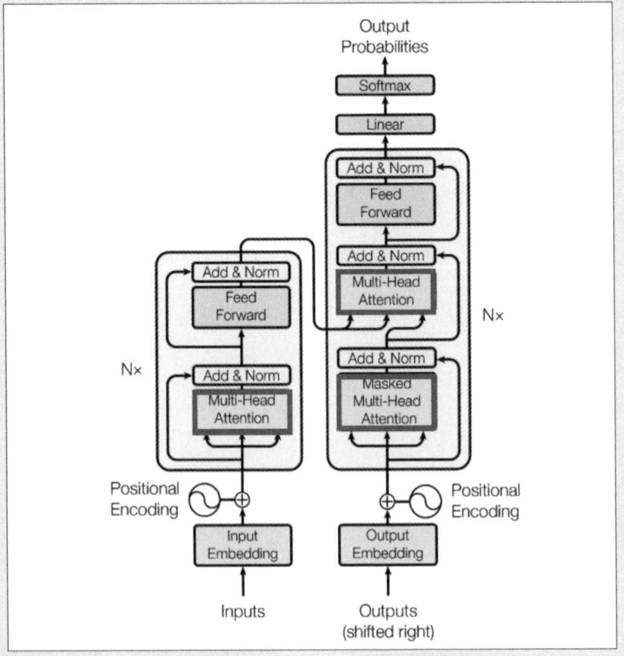

〈출처 : A. Vaswani et al, "Attention Is All You Need", (NIPS, 2017)〉

수 있습니다.

위의 그림은 트랜스포머의 데이터 처리방식을 나타낸 것입니다. 복잡해 보이지만, 곳곳에 색상 테두리로 표시한 '멀티 헤드 어텐션(Multi-Head Attention)'이라는 용어에만 주목하면 됩니다.

앞서 입력 데이터의 순서 차이로 인해 오래된 데이터를 제대로 반영하지 못하는 한계를 극복하기 위해 RNN이 LSTM 신경망으로 진화했다고 했습니다. 트랜스포머는 그러한 한계를 보다 근본적으로 해결하기 위해 '어텐션(Attention)'이라는 방식을 사용합니다. 이 방식은 간단히 말해 데이터를 순차적으로 보는 것이 아니라, 데이터를 한꺼번에 깔아 놓고 어떤 것이 적합한지 관심 있게 살펴보고 선택하는 것을 말합니다.

데이터를 한꺼번에 깔아 놓는다고 해서 무작정 펼쳐 놓을 수는 없고 위치를 정해 놓아야겠지요. 이렇게 위치를 지정해서 읽어 들이고 분석해야 될 데이터를 깔아 놓는 것을 '포지셔널 인코딩(Positional Encoding)'이라고 합니다. 그리고 위치를 지정해 깔아 놓은 데이터 간의 연관성을 확인하기 위해 여러 가지 다른 관점에서 집중해서 보고, 연관성에 대한 가중치를 주게 됩니다. 촬영에 비유하자면 다양한 각도에서 사진을 찍는 것과 같습니다. 이러한 과정을 통해 결과적으로 보다 미묘한 언어적 표현을 잡아낼 수 있고, 보다 자연스러운 결과를 도출할 수 있습니다. 이렇게 다양한 관점에서 언어의 특성 파악과 정확한 표현에 주의를 기울이는 것을 바로 앞에서 주목하라고 한 '멀티 헤드 어텐션(Multi-Head Attention)'이라고 합니다.

이렇게 트랜스포머 모델은 입력 데이터들을 잘 모아서 여러 각도에서 살펴본 후 결과를 보여 주기 때문에, 문맥이나 표현에서 정교함이 필요한 자연어 처리에서 기존 방식보다 훨씬 복잡한 내용을 매끄럽게 전달할 수 있게 되는 것이죠.

⑥ GAN(Generative Adversarial Network, 생성적 적대 신경망)

GAN은 용어 풀이 그대로 '생성자와 식별자가 서로 대립

(Adversarial)하며 데이터를 생성(Generative)하는 신경망(Network)'을 뜻합니다.

이 의미대로 GAN에서는 '생성자(Generator)'와 '감별자(Discriminator)'라는 2개의 모델을 만듭니다. 생성자는 입력된 실제 데이터를 학습하여 이를 바탕으로 거짓 데이터를 만들어 내고, 감별자는 생성자가 만든 데이터가 실제(Real)인지 거짓(Fake)인지 판별하도록 학습합니다. 그리고 다시 생성자는 감별자를 속이지 못한 데이터를 학습하면서 점점 감별자가 판별하기 어려운 '실제에 가까운' 데이터를 만들어 내고, 감별자는 이렇게 진화하는 생성자를 잡기 위해 생성자에게 속은 데이터를 입력 받아서 학습합니다. 이러한 과정을 통해서 결과적으로 생성자는 보다 실제에 가까운

◎ GAN의 학습과정 원리

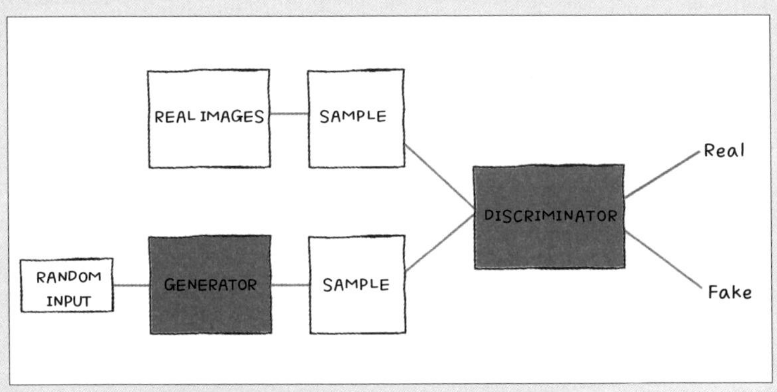

〈출처 : unite.ai, https://www.unite.ai/what-is-a-generative-adversarial-network-gan/〉

데이터를 만들어 낼 수 있게 됩니다.

이처럼 GAN은 실제와 비슷한 것을 만들어 내는 데 효과적인 인공 신경망이기 때문에 최근 문제가 되고 있는 딥페이크(Deepfake, 가짜 이미지 합성 기술)에 활용될 가능성이 높습니다. 꼭 딥페이크가 아니라도 기존 콘텐츠와 유사하거나 진짜보다 더 그럴듯한 콘텐츠를 만들어 낼 수도 있다는 측면에서 매우 위험한 기술일 수 있습니다. 반면에 이미지나 영상의 해상도를 높이거나 보정하는 용도 또는 의료 진단 분야에서 유용하게 사용될 수도 있습니다.

지금까지 현재 가장 널리 사용되고 있고, 알고 있으면 도움이 될 만한 인공 신경망에 대해 살펴봤습니다. 앞으로도 새로운 인공 신경망이 계속해서 개발될 것이고, 사용자의 상황과 목적에 특화된, 일종의 맞춤형 신경망도 나올 것으로 보입니다. 이러한 인공 신경망에 대해 모두 알 필요는 없겠지만, 지금까지 설명한 내용을 이해하면 AI의 발전과정과 인공 신경망의 진화를 통해 AI의 유용성이 높아지는 상황에 대해 보다 잘 이해할 수 있을 것입니다.

인공 신경망의 한계 및 해결방법

이번에는 인공 신경망을 구현할 때의 한계 또는 문제점으로 자주 언급되는 대표적인 2가지 용어에 대해 알아보겠습니다.

① 과적합(過適合, overfitting)

과적합(過適合, overfitting)은 학습 데이터를 과하게 학습(overfitting)한다는 의미입니다. 그럼 용어 그대로의 표현인 '과하게 적합하다'는 게 도대체 무슨 의미인지 다음 그림을 통해 알아보겠습니다.

다음 그림을 해안선을 그리기 위해 모아둔 데이터라고 가정해 보겠습니다. 색상이 입혀진 부분은 땅, 회색 부분은 바다로 이해하면 됩니다. 해안선에는 파도가 치기 때문에 데이터를 모아

⚙ 과적합과 일반 적합의 비교

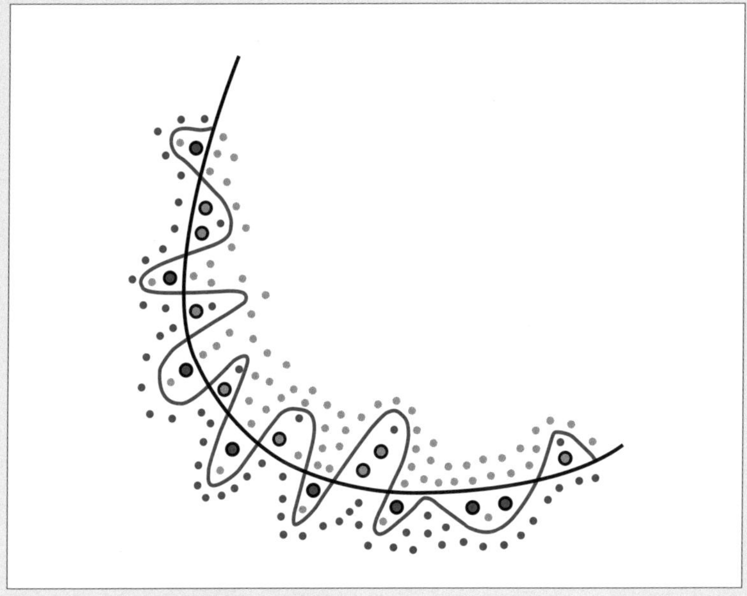

* 색상 선 : 과적합, 검정색 선 : 일반 적합
〈출처 : 위키백과, 과적합〉

보면 그림처럼 들쭉날쭉하게 보입니다. 자연스러운 결과라고 볼 수 있죠.

그럼 해안선을 따라 다리를 만들기 위해 AI로 해안선을 그린다고 해 보죠. 만약 데이터를 충실하게 반영한다고 해서 그림에서의 구불구불한 색상 선처럼 땅과 바다 사이의 경계면을 울퉁불퉁하게 구분한 데이터대로 다리를 만들면 어떻게 될까요? 이런 경우 땅과 바다 사이의 경계를 정확히 구분해서 다리를 만드느라 시간과 비용이 많이 들겠지만, 다리를 이용하는 사람 입장에서는 오히려 구불구불해서 이용하기도 힘들고 차로 이동하기는 더욱 어려워질 것입니다. 더구나 파도가 모아 둔 데이터대로만 움직이지 않고 해당 데이터와 다른 모양으로 움직일 가능성이 높기 때문에 해안선을 정확히 반영했다고 보기도 어렵습니다. 이렇게 데이터를 지나치게 충실하게 반영하여 오히려 실효성을 떨어뜨리는 것을 '과적합'이라고 합니다.

바로 위와 같은 문제 때문에, 데이터를 처리할 때는 모든 데이터를 반영하는 것이 아니라 데이터들의 특징과 경향이 잘 드러날 수 있도록 하는 것이 중요합니다. AI 데이터를 처리할 때 과적합 문제를 해결하기 위해서는 핵심적인 특징을 도출(Feature)하거나, 많은 양의 데이터를 수집하여 정규분포처럼 많이 나올 수 있는 데이터의 비중이 더 올라가게 하거나(Regularization, 정규화), 일부 데이터를 배제(DropOut)하는 방법을 사용하기도 합니다.

② 기울기 소실(Gradient Vanishing)

기울기 소실(Gradient Vanishing)이란 역전파(Backpropagation, 데이터가 출력층에서 입력층으로 이동하는 것) 과정에서 입력층으로 갈수록 기울기(Gradient)가 점차적으로 작아지는 현상을 말합니다.

각 층의 데이터가 다음 층으로 연결될 때는 활성화 함수를 통해 데이터의 형태가 바뀝니다. 예를 들어 2x=y가 활성화 함수라면 x 값, 즉 현재 층의 데이터 값이 2인 경우 다음 층에서의 데이터 값은 4가 되는 것이죠. 역전파는 간단히 말해 이와 같은 활성화 값의 기울기가 적정한지 찾아가는 과정으로 볼 수 있습니다. 즉, □×2(x 값)=4(y 값)가 되었으니 기울기는 2라는 것을 알아내는 것과 같은 방식의 과정입니다.

그런데 활성화 함수는 전체 중에 차지하는 비중(가중치)을 나타내는 함수가 많기 때문에 기울기가 1보다 작습니다. 그러다 보니 역전파 과정을 반복하면 점점 0에 가까워지고, 입력층에 가까워지면 사실상 기울기가 0이 되는 경우가 나타날 수 있습니다. 그 결과 인공 신경망 구조에서 데이터가 이동하는 계층이 늘어날수록 입력층에 가까운 층들에서 가중치들이 제대로 조정되지 않아 최적의 모델을 찾지 못하게 됩니다.

직관적으로 생각해 보면, 여러 층을 지나게 되면 예전의 가중치는 당연히 줄어들 수밖에 없습니다. 그런데 바둑이나 장기에 지고 나서 복기하다 보면 결정적인 패착이 돌을 던지기 직전의 수가 아니라 훨씬 이전에 둔 수에 있음을 알게 되는 경우가 있습니다. AI로 분석할 때도 오류가 생겼을 때 직전 한두 계층이 아니라 여러 층을 되돌아가서 오류를 찾아낼 수 있어야 원하는 결과를 얻을 수 있습니다.

이와 같은 기울기 소실 문제를 해결하기 위해 'ReLU'라는 활성화 함수를 사용하는데, 이에 대해서는 다음 내용에서 설명하겠습니다.

활성화 함수

앞서 언급했듯이 활성화 함수는 인공 신경망에서 데이터가 각 은닉층에서 다음 은닉층으로 이동할 때 이를 원하는 목적에 맞춰 처리하기 위해 활용합니다. 활성화 함수는 곡선 또는 꺾어진 직선 형태의 비선형 함수로, 데이터를 처리하는 목적에 맞게 선택적으로 사용됩니다. 여기서는 대표적인 활성화 함수인 로지스틱(시그모이드) 함수와 ReLU 함수를 소개하겠습니다.

① 로지스틱 함수(시그모이드 함수)

만약 AI에게 많은 데이터 처리에 기반한 특정 결과 값의 제시가 아니라 단순히 예, 아니오를 기준으로 답하게 하려면 데이터를 어떻게 처리해야 할까요? 예를 들어 '내일 비가 올까?'라는 질문에

'예' 혹은 '아니오'라고 양자 택일의 대답을 하게 하려는 경우에 대해 알아보겠습니다.

우선 '습도'에 따라 비가 오는 날과 오지 않는 날의 데이터를 기준으로 방향성을 가지는 회귀 분석을 한다고 가정하겠습니다. 이때 비가 오는 날은 1, 비가 오지 않는 날을 0으로 표시해서 데이터를 수집한다면 판단하기 어려운 경우가 생길 수 있습니다. 습도는 매우 높지만 비가 안 오는 경우도 있을 수 있고, 습도는 낮은데 비가 오는 경우도 있을 수 있기 때문이죠. 이런 예외적인 데이터가 많으면 회귀 분석을 통해 예측 정확도를 높일 수 없게 됩니다. 사람이라면 틀릴 것을 각오하고 감으로 판단해서 '예' 혹은 '아니오'로 대답할 수 있겠지만, AI에게는 난감한 상황입니다.

⚙ 로지스틱 함수 그래프

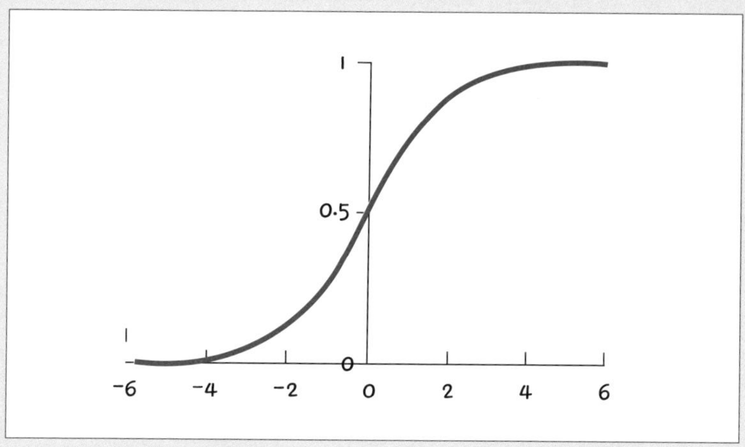

〈출처 : 위키백과, 로지스틱 함수〉

이와 같은 문제를 해결하기 위해 사용하는 것이 '로지스틱 함수'입니다. 이 함수를 쓰면 앞의 그림처럼 출력 값(세로 축)의 예측치는 무조건 0~1이 되고, 중간 값(0.5)에서 먼 경우에는 0이나 1에 수렴하게 되어 예외적인 수치의 영향을 덜 받게 됩니다. 따라서 이 함수를 사용하면 데이터를 통해 둘 중 하나가 발생할 확률을 보다 정확하게 예측할 수 있습니다.

이 함수는 그림과 같이 S 자형의 곡선으로 결과 값이 표현되기 때문에, S 자형 그래프를 의미하는 '시그모이드 함수'라고도 부릅니다.

② ReLU 함수

ReLU는 'Rectified Linear Unit'의 약자입니다. 우리말로는 '교정된 선형 단위' 정도로 번역할 수 있는데, 이것만으로는 무슨 뜻인지 알 수 없습니다. 하지만 어려운 이름과 달리 실제로는 아주 단순한 함수입니다. ReLU 함수는 입력 값이 0 이상이면 입력 값을 그대로 출력하고, 0 이하이면 0을 출력하는 함수로, 엑셀 프로그램에서 Max(X, 0)이라는 함수를 입력하면 만들 수 있습니다.

이렇게 간단한 함수지만 상대적으로 장점이 많습니다. 일단 간단한 함수이기 때문에 다른 활성화 함수보다 처리속도가 빠릅니다. 그리고 가장 중요한 특성은 앞서 설명한 기울기 소실(Gradient Vanishing) 문제가 발생하지 않는다는 것입니다.

기울기 소실 문제와 관련하여 먼저 시그모이드(로지스틱) 함수의 경우부터 살펴보겠습니다. 역전파를 할 때는 활성화 함수의 미분 값을 사용합니다. 이를 간단히 설명하면, 데이터가 이전 계층(은닉층)으로 되돌아 가기 위해 원래 기울기가 뭐였는지 유추하는 과정으로 이해하면 됩니다. 시그모이드 함수의 미분 값을 그래프로 표시하면 아래 그림과 같습니다.

그림을 보면 시그모이드 함수의 x 값이 0일 때 미분 값은 0.2까지 증가했다가 다시 감소하여 0에 가까워지는 모습을 보입니다. 미분 값은 그래프 기울기의 변화 값을 나타내기 때문에 기울기가 가팔라질 때는 점점 수치가 증가하다가 감소할 때는 점점 0에 가까워지고, 평평해지면 0이 됩니다.

◎ 시그모이드 함수와 시그모이드 함수의 미분 값

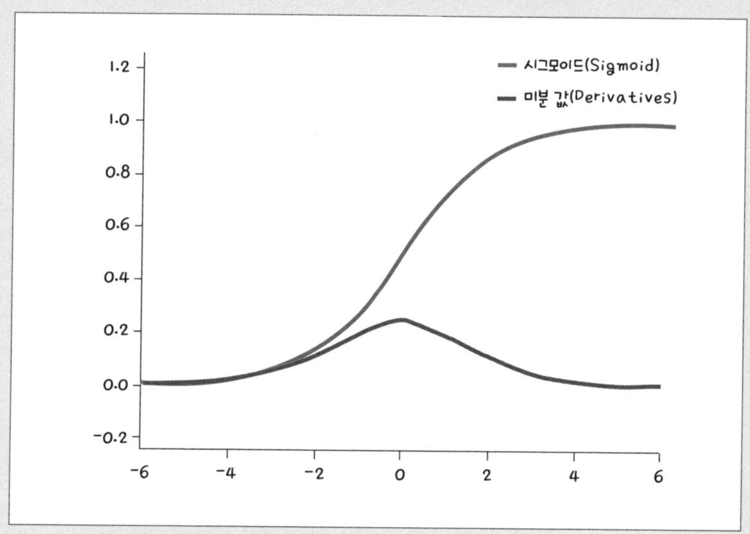

〈출처 : 위키독스, https://wikidocs.net/235776〉

역전파 과정은 기울기를 나타내는 미분 값을 사용하여 거슬러 가는 것이기 때문에, 이렇게 역전파가 단계별로 이루어지면 역전파가 진행됨에 따라서 미분 값이 최대치로 유지된다고 하더라도 가장 큰 기울기인 0.2를 반복해서 가중치로 적용하기 때문에 0.2를 계속 곱한 결과를 얻게 됩니다. 5번만 반복(0.2^5)하더라도 0.00032가 되어 0과 다름없는 숫자가 나오게 되죠. 이렇게 점점 0에 가까워지기 때문에 기울기 소실 문제가 발생합니다.

그럼 ReLU 함수의 경우는 어떨까요? 다음 그림처럼 x 값이 0보다 작을 때는 y=0, 0보다 클 때는 y=x의 그래프가 됩니다. y=x 그래프의 기울기는 1이 되고 기울기를 나타내는 미분 값도 당연히 1이 됩니다. 따라서 0보다 작은 데이터는 무시할 만한 데이터라고 한다면, ReLU 함수의 경우 0보다 큰 데이터, 즉 의미있는 데이터

◎ ReLU 함수 그래프

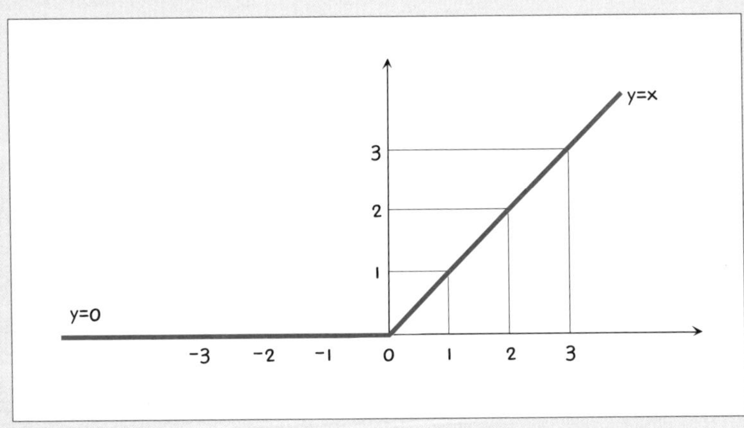

〈출처 : 위키독스, https://wikidocs.net/250622〉

에 대해서는 여러 단계를 거치더라도 기울기가 계속 1이 됩니다. 이렇게 기울기 소실 문제도 해결하고, 또 반영해야 할 중요한 특징도 잘 전달해 줄 수 있기 때문에 활성화 함수 중에서 ReLU 함수를 가장 많이 사용하고 있습니다.

지금까지 설명한 시그모이드와 ReLU 함수 외에도 Tanh, Softmax, ELU 등의 활성화 함수가 있지만, 위 2개 활성화 함수를 이해하면 다른 활성화 함수의 모양을 보고 특징을 어느 정도 파악할 수 있을 것입니다.

AI가 일을 편하게 하기 위한 방법론

마지막으로 알아 두면 도움이 될 만한 AI 방법론 몇 가지를 간단히 소개하겠습니다.

① 랜덤 포레스트(Random Forest)

랜덤 포레스트(Random Forest)는 여러 개의 의사결정 나무(Decision Making Tree)를 사용하여 원하는 목표 값을 얻고자 할 때 사용하는 모델입니다. 의사결정 나무는 다음 그림처럼 의사결정을 요구하는 질문에 대한 대답을 기준으로 단계적으로 특정한 조건을 주고, 그 조건에 대한 답을 통해서 최종적인 값을 찾아가는 과정을 도식화한 것입니다. 이 도구는 알고리듬뿐만 아니라 경영학에서도 경영진의 의사결정을 돕는 수단으로 유용하게 활용되

⚙ 타이타닉 호의 생존 가능성을 결정하기 위한 의사결정 나무

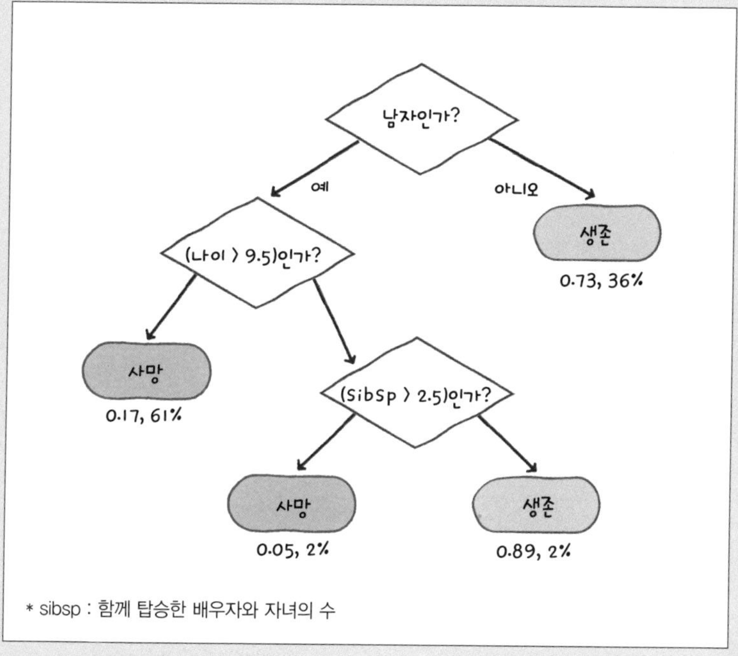

〈출처 : 위키백과, 결정 트리 학습법〉

고 있습니다.

의사결정 나무가 하나일 경우에는 활용하기가 쉽습니다. 하지만 여러 개의 다른 변수가 사용된 의사결정 나무 혹은 비슷한 변수의 의사결정 나무가 여러 개 있을 경우에는 최종 값을 찾기가 어려울 수 있는데, 이런 경우에 최적의 값을 찾는 방법이 '랜덤 포레스트'입니다. 모델의 이름처럼 나무가 많은 숲(Forest)에서 무작위(Random)로 나무들을 샘플링해서 유사성을 확인하고, 이를 통해 결론을 도출하는 방법을 의미합니다.

② K-최근접 이웃(KNN, K-Nearest Neighbor)

K-최근접 이웃(K-Nearest Neighbor)은 가까운 거리에 있는 K 개의 데이터를 활용하여 새로운 데이터를 어디로 분류하면 좋을지를 찾아내는 방법입니다. 분류대상인 데이터를 그와 이웃해 있는 데이터와 같은 부류로 분류하는 비교적 단순한 방식이기 때문에 적용하기 쉽다는 장점이 있는 반면, 그만큼 오류 발생 가능성도 크다는 단점이 있습니다.

아래 그림처럼 색상을 입힌 원의 분류위치를 결정하는 사례를 살펴보겠습니다. 만약 K 값(이웃한 데이터의 수)을 3으로 한다면(실선 원 영역) 2개의 회색 세모, 1개의 검정색 네모와 이웃하게 되므로

◎ K-최근접 이웃 개념도

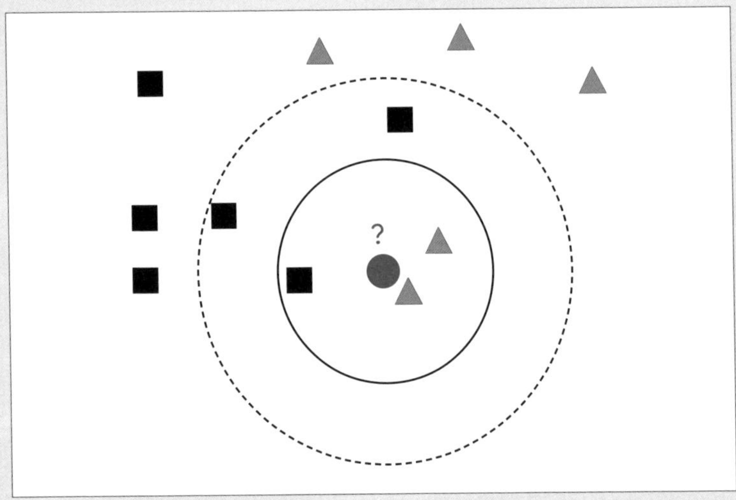

〈출처 : 위키백과, K-최근접 이웃 알고리즘〉

색상 원을 개수가 많은 회색 세모와 같은 종류로 분류하게 됩니다. 그렇지만 K 값을 5로 하면(점선 원 영역) 검정색 네모의 수(3개)가 회색 세모의 수(2개)보다 많기 때문에 색상 원을 검정색 네모와 같은 종류로 분류하게 됩니다.

이렇게 K-최근접 이웃은 데이터의 인접범위를 어떻게 설정하느냐에 따라 다른 값이 나올 수 있는 접근방식이므로 데이터의 특성에 따른 오류 발생 가능성을 사전에 점검하거나, 그러한 가능성을 결과 해석에 감안하는 정도로 사용하는 것이 바람직합니다.

③ 서포트 벡터 머신(SVM, Support Vector Machine)

서포트 벡터 머신(Support Vector Machine)은 분류와 회귀를 위해 사용하는 학습 모델입니다.

분류의 예를 들어 보겠습니다. 2차원적인 분류라면 데이터를 평면에 쭉 깔아 두면 되겠지만, 차원이 많아지면 시각적으로 표현이 불가능하기 때문에 데이터의 위치를 정하기 위해 주소와 같은 꼬리표를 붙여야 합니다. 이렇게 주소(꼬리표)가 붙어 있는 데이터를 '벡터'라고 하고, 분류한 범주의 가장자리 끝부분에 있는 데이터를 '서포트 벡터'라고 합니다. 서포트 벡터 머신은 서로 다르게 분류된 서포트 벡터 간의 거리(=마진)를 최대화하여 분류의 정확도를 높이고, 새로운 데이터도 잘 분류될 수 있도록 하는 방법으로 인공 신경망보다 상대적으로 사용하기가 쉬워 이미지 분류 등에서 많이 활용되고 있습니다.

지금까지 기업에서 AI를 도입할 때 고려해야 할 사항을 개략적으로 살펴봤습니다. AI 도입은 1~2년 정도의 단기적인 작업이 아니라 10년 이상을 고려해 수행해야 하는 과제입니다. 이런 측면에서 도입 초기에 이슈가 생기고 미비점이 발견되더라도 지속적으로 추진해야 하는 과제라고 생각합니다.

물론 새로운 솔루션을 도입할 때는 투자 대비 효과(ROI)를 기반으로 판단해야겠지만, 시대적 흐름에 뒤처지지 않아야 한다는 점도 고려해야 합니다. 과거에 모두가 PC로 문서를 만들기 시작할 때 타자기로 문서를 만든다고 해서 별 문제가 없었듯이, ROI가 떨어져서 AI 도입을 늦춘다고 해서 단기적으로 큰 문제가 생기지는 않을 것입니다. 그렇지만 AI 도입을 늦출수록 결국 장기적으로는 시대에 뒤처지게 되어 업무 불편은 점점 가중되고 전반적인 운영 효율도 떨어지게 될 것입니다.

이 책의 내용을 토대로 전반적인 AI의 특성과 산업 발전 및 사업운영에 미치는 효과를 검토해서 AI를 도입했을 때의 효과를 판단해 보십시오. 판단 결과 도입효과가 인정된다면 빠른 시간 내에 AI를 도입하고 경험해 보기를 권합니다. 그것이 4차 산업혁명 시대에 사업의 지속 가능성을 유지하는 길이라는 점을 마지막으로 강조하며 글을 마칩니다.

참고문헌

도서

《교양으로서의 인공지능》, 이상진, 시크릿하우스 (2020)

《일본 기업은 AI를 어떻게 활용하는가》, 닛케이 톱리더·닛케이 빅데이터, 신희원 역, 페이퍼로드 (2018)

《인공지능 비즈니스 트렌드: 인공지능은 어떻게 비즈니스의 미래를 지배하는가》, 테크니들·조성환 등, 와이즈맵 (2019)

《(인공지능이 바꾸는) 미래 비즈니스》, 노무라 나오유키, 임해성 역, 21세기북스 (2017)

《직장인이 꼭 알아야 할 비즈니스 AI》, 김영수, 이북스미디어 (2022)

《한 권으로 끝내는 딥러닝 텐서플로: 회귀분석에서 강화학습까지 최고의 딥러닝 입문서》, 바라스 람순다르·레자 자데, 장정호 등 역, 한빛미디어 (2018)

《혼자 공부하는 머신러닝+딥러닝》, 박해선, 한빛미디어 (2020)

《AI 비즈니스 레볼루션》, 이진형, 포르체 (2023)

《AI로 경영하라》, 이준기, 인플루엔셜 (2022)

《AI 최강의 수업》, 김진형, 매일경제신문사 (2020)

《AI 피보팅: AI는 어떻게 기업을 살리는가》, 김경준·손진호, 원앤원북스 (2021)

《AI 2024 트렌드&활용백과》, 김덕진, 스마트북스 (2023)

《Do it! 딥러닝 교과서》, 윤성진, 이지스퍼블리싱 (2021)

논문/보고서/발표자료

〈A Guide for Using Deep Learning for Complex Trait Genomic Prediction〉, Miguel Perez-Enciso et al., Genes (2019)

〈Annual Report 2023〉, Spotify Technology S.A., US SEC (2024)

〈Appropriate Smart Factory for SMEs: Concept, Application and Perspective〉, Woo-Kyun Jung et al., International Journal of Precision Engineering and Manufacturing (2021)

〈Artificial Intelligence Definitions〉, Christopher Manning, HAI(Stanford

University Human-Centered Artificial Intelligence) (2020)
〈Artificial Intelligence Index Report 2023〉, Jack Clark et al., HAI(Stanford University Human-Centered Artificial Intelligence) (2023)
〈Attention is All You Need〉, Ashish Vaswani et al., 31st Conference on Neural Information Processing Systems (NIPS) (2017)
〈Challenges, Opportunities and Future Directions of Smart Manufacturing: A State of Art review〉, Sudip Phuyal et al., Sustainable Futures 2 (2020)
〈Cloud-Based Automated Design and Additive Manufacturing: A Usage Data-Enabled Paradigm Shift〉, Dirk Lehmhus et al., Sensors (2015)
〈Dive into Deep Learning〉, Aston Zhang et al. (2020)
〈IBM Global AI Adoption Index 2022〉, IBM, Morning Consult, IBM (2022)
〈Knowledge Integration in Smart Factories〉, Johannes Zenkert, Encyclopedia (2021)
〈Smart Policies for Smart Factories〉, Minho Kim et al., KDI FOCUS (2019)
〈The Potentially Large Effects of Artificial Intelligence on Economic Growth (Briggs/Kodnani)〉, Jan Hatzius, Joseph Briggs, Devesh Kodnani et al., Goldman Sachs (2023)
〈The smart factory〉, Marty Hartigan et al., Deloitte University Press (2017)
〈The state of AI in 2022-and a half decade in review〉, Michael Chui, QuantumBlack By McKinsey (2022)
〈What are Industry 4.0, the Fourth Industrial Revolution, and 4IR?〉, McKinsey Explainers, McKinsey & Company (2022)
〈What every CEO should know about generative AI〉, Michael Chui et al., McKinsey Digital (2023)
〈White Paper on Manufacturing-X〉, Federal Ministry for Economic Affairs and Climate Action(BMWK) (2022.11)

〈국내 인공지능(AI) 도입기업 현황 분석 및 시사점〉, 봉강호 등, 국가미래연구원 (2023)
〈기업의 인공지능 활용과 생산성 연구〉, 송단비 외, 산업연구원 (2021)
〈다양한 산업 분야에 활용될, 맞춤형 인공지능 설명 가능한 인공지능(XAI) 혁신 기술 트렌드 및 향후 전망〉, IRS글로벌, IRS글로벌 (2022)
〈4차 산업혁명과 제조혁신: 스마트팩토리 도입과 제조업 패러다임 변화〉, 김광석 외, 삼정 KPMG 경제연구원 Samjong INSIGHT Issue 55 (2018)
〈산업 인공지능의 기술경쟁력과 정책 시사점〉, 최민철 외, 산업연구원 연구보고서 (2022)

〈생성형 AI 시대와 금융권의 AI 동향〉, 송민택, 코스콤리포트 (2023)
〈선도형 스마트공장(지역특화프로젝트) 사업 설명회 자료〉, 중소벤처기업부 스마트제조혁신추진단, (2024)
〈성장과 고용창출의 동력 제조업의 재조명〉, 이근태·이지선, LG Business Insight (2012)
〈스마트 물류 관련 기술 동향과 도입 사례〉, 신광섭, 한국과학기술연구원 융합연구정책센터 융합연구리뷰 vol.6 No.12 (2020)
〈스마트공장 도입의 효과와 정책적 함의〉, 김민호 외, KDI 연구보고서 (2019)
〈스마트공장의 끝판왕, 'AI 공장' 중소기업이 어떻게?〉, 전수남, 정보통신산업진흥원 이슈리포트 2019-26호 (2019)
〈스마트팩토리 핵심기술 및 제조혁신 고도화 전략〉, 정종필, 한국과학기술연구원 융합연구정책센터 융합연구리뷰 vol.6 No.12 (2020)
〈스마트팩토리 활성화 정책… 세계 각국의 대응과 전략〉, KDI경제정보센터 자료연구팀, KDI경제정보센터 (2021)
〈유럽 데이터 인프라, 데이터스페이스(Data Space) 현황과 시사점〉, 이상은, 한국지능정보사회진흥원, 디지털플랫폼정부 시리즈 (2023)
〈유통 4.0 시대, 리테일 패러다임의 전환〉, 김광석 외, 삼정KPMG 경제연구원 Samjong INSIGHT Issue 54 (2017)
〈2023년 스마트공장 지원사업 설명자료〉, 중소벤처기업부 스마트제조혁신추진단, (2023.2)
〈제조 분야 인공지능 활용 동향과 도입 고려사항〉, 강송희, 소프트웨어정책연구소 (2021)
〈제조+AI로 실현되는 미래상: 자율공장〉, 손지연 외, 한국전자통신연구원 (2021)
〈주요 산업별 인공지능(AI) 도입 현황 및 시사점〉, 김경훈, 정보통신정책연구원 (2021)
〈GAIA-X 현황 및 도전 과제 분석〉, 이상은, 한국지능정보사회진흥원, 디지털플랫폼정부 시리즈 (2022)
〈Manufacturing-X 요약 소개〉, 김성렬, 한국공학대학교 (2024.3)

웹사이트/블로그

기업들이 ChatGPT 도입을 망설이는 이유
(https://brunch.co.kr/@harryban0917/196)
돈 못버는 골칫덩이 됐다… AI 선구자 '왓슨'의 몰락 〈조선일보〉
(https://www.chosun.com/economy/tech_it/2021/07/20/2ZE5MWL7MBBU5CGUUXXLUBD4PM/)
딥러닝 개론 및 연습

(https://compmath.korea.ac.kr/deeplearning/index.html)
딥러닝을 이용한 자연어 처리 입문, 합성곱 신경망
(https://wikidocs.net/64066)
딥러닝의 기초-다층 퍼셉트론
(https://m.blog.naver.com/samsjang/221030487369)
머신러닝 딥러닝 알고리즘을 소개합니다
(https://post.naver.com/viewer/postView.naver?volumeNo=32207505&memberNo=25379965&vType=VERTICAL)
머신러닝/딥러닝 기초
(https://seokii.tistory.com/56)
4차산업 핵심이지만… 기업이 AI 도입을 망설이는 까닭 〈시사위크〉
(https://www.sisaweek.com/news/articleView.html?idxno=146638)
생성적 적대 신경망
(https://aiday.tistory.com/51)
생활코딩, 강화학습
(https://opentutorials.org/course/4548/28949)
설명 가능한 인공지능
(https://bitnine.tistory.com/408)
신경망-다층 퍼셉트론
(https://yhyun225.tistory.com/21)
완전체 일관생산 〈이코노미 조선〉
(https://economychosun.com/site/data/html_dir/2022/06/20/2022062000024.html)
월드뱅크 인당 GDP 데이터
(https://data.worldbank.org/indicator/NY.GDP.PCAP.CD)
유럽 제조 데이터베이스 구축 동향 'Manufacturing-X'가 지향하는 길
(http://www.k-smartfactory.org/index.php/information/trend/board_view?message_id=5489)
인공 신경망(ANN)과 심층 신경망(DNN) 특징, 장단점, 차이점
(https://blog.naver.com/rfs2006/223453274448)
인공지능 활용한 신약개발 속도 예상보다 느린 이유는 〈동아사이언스〉
(https://m.dongascience.com/news.php?idx=56335)
인공지능과 딥러닝 빅데이터 안고 부활하다 〈머니투데이〉
(https://news.mt.co.kr/mtview.php?no=2015022514525399240&outlink=1&ref=http

s%3A%2F%2Fko.wikipedia.org)
전기차 생산기술의 완전체? 〈조선일보〉
(https://www.chosun.com/economy/int_economy/2022/06/09/J4HQ6GFKAVHJTGKAGCYLMUCMPY/)
존 매카시와 AI의 미래
(https://blog-ko.allganize.ai/how-john-mccarthy-shaped-the-future-of-ai/)
퍼셉트론-인공신경망의 기초개념
(https://blog.naver.com/samsjang/220948258166)
한국품질재단, 스마트공장수준확인제도
(http://kfqbms.com/certi/smartfactory.asp)
(딥러닝) Feedforward Neural Network, Fully-Connected Neural Network
(https://meaningful96.github.io/deeplearning/pytorch1-FFNN/)
AI 대응은 속도가 관건 〈조선일보〉
(https://www.chosun.com/economy/weeklybiz/2023/09/21/LR3VIMNPPVEOLAOYFRI5FZYNX4/)
AI란 무엇인가
(https://hongong.hanbit.co.kr/ai)
AI로 제조업을 개선하는 10가지 방법 〈AI타임스〉
(https://www.aitimes.com/news/articleView.html?idxno=128731)
AI 역사의 시작 〈AI타임스〉
(https://www.aitimes.com/news/articleView.html?idxno=119328)
IBM, 왓슨 헬스 사업부 자산 결국 매각 〈IT조선〉
(https://it.chosun.com/news/articleView.html?idxno=2022012801083)
Industrial Intelligence을 이용한 AI 생산
(https://www.festo.com/kr/ko/e/solutions/digital-transformation/ai-in-production-id_408724/#contact)
OneBook(Phython & Deep Learning) 퍼셉트론
(https://sdc-james.gitbook.io/onebook/4.-and/5.2./5.2.1.)

A Quick Introduction to Neural Networks
(https://www.kdnuggets.com/2016/11/quick-introduction-neural-networks.html/2)
AI in law 〈Financial Times〉
(https://www.ft.com/content/d2401cde-cd49-476b-83f0-5647054d9f99)

Applied Go, Perceptrons
(https://appliedgo.net/perceptron/)
BCG, Powering the Innovation Flywheel in the Digital Era
(https://www.bcg.com/publications/2021/driving-business-impact-with-the-innovation-flywheel-approach)
Manufacturing X
(https://www.sbbit.jp/article/cont1/108300#head3)
Manufacturing-X: A data room for Industrie 4.0
(https://www.fischer-information.com/en/news/news-detail/manufacturing-x-a-data-room-for-industrie-40)
Multi-Layer Perceptron Neural Network using Python
(https://machinelearninggeek.com/multi-layer-perceptron-neural-network-using-python/#google_vignette)
Multi-layer perceptron vs deep neural network
(https://stats.stackexchange.com/questions/315402/multi-layer-perceptron-vs-deep-neural-network)
Starbucks to step up rollout of 'digital flywheel' strategy
(https://www.zdnet.com/article/starbucks-to-step-up-rollout-of-digital-flywheel-strategy/#google_vignette)